SUSANNE WEISS
MICHAEL SONNABEND

SCHREIBEN, BLOGGEN, PRÄSENTIEREN

WEGE DER WISSENSCHAFT IN DIE WELT

EINE REPUTATIONSWERKSTATT

Inhalt

Einleitung

Wir sind es leid …

Wir sind es leid, und wir sind nicht die Einzigen. Wir sind es leid, mitansehen zu müssen, wie eine unserer wichtigsten Kulturtechniken verwahrlost – in der Wirtschaft, im Kulturbetrieb, vor allem aber im Wissenschaftsbetrieb: Schreiben. Was meinen wir damit? „Kreatives Schreiben", dem trockenen Stoff farbige Metaphern hinzufügen, ein bisschen Kosmetik hier, ein bisschen „Rhetorik" da? Mitnichten.

Mit Schreiben meinen wir, in der Lage zu sein, einen klaren, gut strukturierten und verständlichen Text ohne Jargon und ohne „multimethodale" Marshmallows zu verfassen – ohne allzu viele Zerstörungen in Wortschatz, Grammatik, Rechtschreibung und Interpunktion anzurichten.

Sind das vielleicht die Probleme überspannter Schöngeister, die in ihren verschnarchten Denkerbuden uncooles Zeug tun und sich aufregen wie der letzte Spießer, wenn mal ein Komma fehlt? Oder meckern hier vielleicht in Wahrheit die Dummköpfe, die keine Lust haben oder sowieso unfähig sind nachzudenken? Bildungsferne Schichten gar? Nun, unser Problem ist, dass wir keine Lust mehr haben, diesen Humbug zu lesen, der entsteht, wenn Wissenschaftler eigens aufgefordert werden, unverständlich zu schreiben und zu sprechen, damit sie „wissenschaftlich" klingen und sich dadurch Kritik und Debatte entziehen. Unser Problem ist, dass wir schon gar keine Lust mehr haben, den Unfug

Ich bin absolut dafür, dass man Narren von gefährlichen Waffen fernhält. Beginnen wir mit Schreibmaschinen.
Frank Lloyd Wright

zu lesen, der zustande kommt, wenn der lang eingeübte Jargon auf den brandneuen Smartphone-Soziolekt einer akademischen Generation trifft, die es schon als Zumutung empfindet, einen 20-seitigen Text zu lesen und die wahllos zusammengestoppelte Informationen für Wissen hält.

Unverständlichkeit wegen übermäßigen Jargon-Gebrauchs ist nichts Neues. Dem ist mit einfachen handwerklichen Hilfestellungen nicht beizukommen. Unverständlichkeit wegen Nichtbeherrschens der Grammatik ist ein relativ neues Phänomen. Wie gesagt: Richtig schlimm ist die Kombination aus beidem.
Der Wirtschaft gehen übrigens jährlich Milliarden durch innerbetriebliches Kauderwelsch verloren, die Wissenschaft muss sich erst noch daran gewöhnen, die Folgen ihres Tuns zu überreißen.
„Wissenschafts-PR" und infantiles Knallgas-Fernsehen täuschen über die eigentlichen Probleme unterhaltsam hinweg.

Aber das Problem scheint erkannt zu sein, die Angebote an Schreib-Workshops und die Menge der Hinweise auf Universitäts- oder Institutsseiten sowie in Ratgebern zum sogenannten „wissenschaftlichen Schreiben" sind ganz unglaublich. Sonderbar nur, dass in sehr vielen dieser „Tipps" oder „Anleitungen" zum Schreiben – und

hier wieder insbesondere zum „wissenschaftlichen Schreiben“ – das Schreiben selbst so gut wie gar nicht vorkommt. Stattdessen finden wir zur Unterweisung in den richtigen Zitierregeln bahnbrechende Tipps wie: „Schreiben Sie verständlich!“ Wem das zu simpel ist (abgesehen davon, dass so ein Hinweis etwa so hilfreich ist wie die Aufforderung, jetzt sofort ohne eine einzige Unterrichtsstunde Klavier zu spielen), dem sei die High Society der Hilfstruppen empfohlen:
„Kognitives Wissenschaftscoaching mit Imaginationstechniken“, „diagnostische Übungen zu den unterschiedlichen Phasen des Schreibprozesses“ oder „Hintergrundwissen aus der Schreibforschung“ und dergleichen Dinge mehr, viel mehr.

Nun, das alles werden Sie bei uns nicht finden. Wir wollen schließlich nicht Teufel mit Beelzebub austreiben. Wir wollen uns auch nicht an der putzigen Debatte um das „Spannungsfeld zwischen möglicher Tiefe und notwendiger Popularisierung“ beteiligen. Das ist Hokuspokus und genau das leere Wortgeklingel, das „die Philosophen“ „den Sophisten und Rhetorikern“ vorwarfen – und bis heute vorwerfen – und das ebenfalls bis heute ein Teil des Problems ist, mit dem wir uns – und Sie – in diesem Buch beschäftigen werden.
Wissenschaftssprache als Sondersprache zu betrachten, ist eine Grundlage vieler Ratgeber – nicht unsere. Und wir würden uns auch nicht der Fahrlässigkeit schuldig machen wollen, junge Menschen an „bestehende Diskurse und Diskurstechniken“ heranführen zu wollen. Zum einen werden die allermeisten der Leser dieser

Ratgeber später nicht im Wissenschaftsbetrieb arbeiten, zum anderen wird sie in vielen Fällen erst diese „Einübung" unfähig machen, überhaupt noch verständlich und klar zu kommunizieren, wenn sie nämlich einer jargonlastigen Disziplin angehören. An den Gepflogenheiten und Druckmechanismen dieser Subkulturen zerschellen auch die Ratgeber, die guten Willens sind, vor allem dann, wenn sie „Wissenschaft" als getrennt von der Gesellschaft definiertes Teilsystem betrachten.
Jede Art von Text hat denselben Regeln zu folgen – sei es eine wissenschaftliche Arbeit, eine Predigt, eine politische Rede, ein Geschäftsbericht oder eine journalistische Textsorte. Und Hinweise auf richtige Zitierregeln sowie für die Deckblattgestaltung der Hausarbeit haben noch nichts mit Schreiben zu tun.

DER GUTE RUF

Es geht um nichts weniger als um Ihre Reputation in einer sehr realen, sehr großen und sehr lauten Welt, in der die ebenso künstliche wie naive Unterscheidung von „rational" und „irrational" keinerlei Bedeutung hat und wo der Distinktionsversuch „ich Wissenschaft – du Welt" immer häufiger auf ein müdes Schulterzucken stößt. Im Zuge dieser Entwicklung die Text- und Haltungsschraube anzuziehen, um die Distinktion aufrechtzuerhalten, ist genau die falsche Bewegung.
Vergessen Sie übrigens die Vorstellung, Internet und Englisch seien bequeme Fluchtwege aus der Misere. Wir werden Sie ferner freundlich darauf hinweisen, dass es keine Kunst sowie überaus unhöflich und disziplinlos ist, 600 Seiten lang zu schwafeln. Und wir tei-

Die Arbeit an der Sprache ist Arbeit am Gedanken. Friedrich Dürrenmatt

len Ihnen mit, dass Sie in der Regel nicht wissen, wovon Sie eigentlich reden, wenn Sie von „Niveau“ sprechen. Etwas klassische Rhetorik sollten Sie über sich ergehen lassen (Sie werden uns dankbar sein!), dito Belehrungen über einige journalistische Textsorten, die Qualitäten des Boulevards, das richtige „Wording“ im Blog und den Benimm im sozialen Netzwerk. Und glauben Sie uns: Wenn Sie nichts drauf haben, rettet Sie auch keine Powerpoint-Präsentation.
Erwarten Sie keine wohlfeilen Tricks, die Ihnen (vermeintlich) dabei helfen, innerhalb einer Woche Ihr allernächstes Textproblem zu lösen. In diesem Falle sollten Sie einen Profi engagieren, der Ihnen die Wasserleitung repariert. Die Betonung liegt auf Profi.

Handwerk können wir Ihnen beibringen. Damit meinen wir allerdings keinen „Textcheck“ nach wie auch immer definierten „journalistischen“ Kriterien. Wir machen Sie auch nicht „fit“ für die Medien oder Ihre Texte „medientauglich“ – was immer das sein soll.
Wenn Sie nämlich eine wesentliche Sache beherzigen, brauchen Sie das alles nicht. Denn ob Sie jemals zu denjenigen gehören werden, die für die schriftlich artikulierte Klarheit ihrer Gedanken gepriesen werden, ist zuallererst eine Frage der Haltung: Welche Forschung für welche Gesellschaft?
Wer aber am Nimbus „der“ Wissenschaft als einer vom großen Rest getrennten Teilkultur festhalten will, wer ein Experte außerhalb der Welt bleiben will, über die er zu uns belehrend redet, wer die „Wissenschaftssprache“ verteidigt und Dissertationen heutiger Prägung für

Die Kraft des Denkens beruht auf der Fähigkeit, Stereotype und Konventionen zu meiden. Die Sprache, in der es sich artikuliert, ist ihm nicht äußerlich. Sie formt und organisiert den Intellekt, gliedert die Argumentation und den Aufbau der Darstellung. Die Sprache der Wissenschaft muss in ihren Begriffen eine Verständigungsbasis begründen, die für die Verbindlichkeit ihrer Aussagen sorgt.

Peter-André Alt, Literaturwissenschaftler und Präsident der Freien Universität Berlin

eine „Textsorte“ hält, wer die Herstellung von Publikationen als Hobby betreibt, wer gasförmige Texte für den Ausweis herausragender Intelligenz hält und schließlich unsterblich verliebt ist in schwächelnd anämischen Behördenstil – und dieses Buch trotzdem lesen will, den warnen wir in aller Form:
Dies wird die Stunde Eures Missvergnügens ...

Nur, damit sie's wissen: Wir nehmen nicht für uns in Anspruch, abschließende Lösungen und die brillantesten Formulierungen gefunden zu haben. Das eine gibt es nicht, über das andere lässt sich – in einem bestimmten Rahmen – streiten. Wir wollen auch keinen historischen Abriss des Lesens und des Schreibens vorlegen, kein Projekt beantragen, in dem irgendwelche Wissenschaften wieder „diskursfähig“ gemacht werden sollen, nicht gegen Grammatiker und Linguisten boxen oder gegen die Formelsprachen von Kleinstgruppen ins Feld ziehen, die fernab jeder Zivilisation dieser Welt irgendwo in irgendeinem Paralleluniversum leben. (Wir wollen uns allerdings von ihnen auch nicht die Welt erklären lassen.) Wir wollen auch nicht vergangenen Zeiten nachtrauern, in denen ein Mommsen für ein wissenschaftliches Werk einen Literaturnobelpreis bekam – seine und die Situation heutiger Schreibender sind schwerlich miteinander zu vergleichen.
Wir haben nur einfach genug von all den Jargonschwätzern, die uns sprachliche Verwahrlosung gepaart mit Verdunkelungsabsichten als „wissenschaftliches Niveau“ verkaufen wollen, das nun einmal komplex und schwer verständlich sei ...

Es gibt wunderbare Werke aus fast allen wissenschaftlichen Disziplinen, vor allem aus den sogenannten Kleinen Fächern mit den vermeintlich exotischen Forschungthemen. Und es wäre zu wünschen, dass deren Verfasser ihre Kollegen und Studierenden ermunterten, es ihnen nachzutun. Denn wenn es schon unter Androhung schwerster Verunglimpfung Mut erfordert, einen guten und verständlichen Text zu schreiben, dann sollten wir uns wirklich fragen, zu was wir es eigentlich gebracht haben: wissenschaftlich, kulturell und natürlich auch politisch. Jargonschwätzer und coole Typen sollten ihrerseits wissen, was zu tun ist.
An manchen Stellen übertreiben wir, damit Sie sich aufregen. Manche Dinge sind aber auch viel schlimmer, als wir sie hier darstellen – wir wissen, dass viele unserer Leser wissen, was wir meinen.
Dass unser kleines Buch streckenweise den Ton einer Publikumsbeschimpfung annimmt, ist dem Umstand geschuldet, dass all die weichgespülte Wohlfühlliteratur zum Thema so gut wie keine Effekte hatte.

THEORIE UND PRAXIS

Die Kapitel dieses Buches sind bis auf wenige Ausnahmen unterteilt in Theorie und Praxis, die Sie leicht aufgrund der unterschiedlichen Typografie und Gestaltung voneinander unterscheiden können.
Zu guter Praxis gehören Übungen – unsere Übungen bauen aufeinander auf. Wir möchten ihnen also empfehlen, sie so zu machen, wie Sie im Buche stehen.

TL; DR

Wir sind es leid, und wir sind nicht die Einzigen. Wir sind es leid, mitansehen zu müssen, wie eine unserer wichtigsten Kulturtechniken verwahrlost – in der Wirtschaft, im Kulturbetrieb, vor allem aber im Wissenschaftsbetrieb: Schreiben. Damit meinen wir, in der Lage zu sein, einen klaren, gut strukturierten und verständlichen Text ohne Jargon und ohne „multimethodale" Marshmallows zu verfassen – ohne allzu viele Zerstörungen in Wortschatz, Grammatik, Rechtschreibung und Interpunktion anzurichten. Wir haben keine Lust mehr, den Humbug zu lesen, der entsteht, wenn Wissenschaftler eigens aufgefordert werden, unverständlich zu schreiben und zu sprechen, damit sie „wissenschaftlich" klingen und sich dadurch Kritik und Debatte entziehen. Sehr viele der Angebote aus der Wissenschaft, es besser zu machen, treiben Teufel mit Beelzebub aus, und das Knallgasfernsehen im „Wissensmagazin" täuscht über die eigentliche Misere unterhaltsam hinweg. Es geht aber nicht nur um Handwerk – es geht auch um Haltung und den voranschreitenden Reputationsverlust von Wissenschaft.

Weitere Figuren dieses Kapitels: Jargon, „Kognitives Wissenschaftscoaching", veraltete Distinktionsversuche, keine Tricks und der Smartphone-Soziolekt.

1 | Verwechslungsgefahr

Handwerk und Übung statt Psychologie und Talent – und wider die Trennung von Schreiben und Denken

Wir reden nicht von Gefühlen.
Sie müssen auch nicht zum Therapeuten oder zur psychologischen Beratung gehen, wenn Sie Ihren Stoff nicht aufs Papier bringen. Die können Ihnen vielleicht bei Problemen helfen, die sich auch auf das Schreiben auswirken – sie können Ihnen aber sicher nicht beim Schreiben selbst zur Hand gehen. Oder gehen Sie zum Therapeuten oder lesen Psychoratgeber, wenn Sie feststellen, dass Sie nicht Klavier spielen können?
Verwechseln Sie die Dinge nicht miteinander!

Es ist viel einfacher, viel weniger erschreckend, aber leider etwas anstrengend: Wenn Sie Klavier spielen wollen, müssen Sie Tonleitern üben und wissen, was eine Partitur ist. Wenn Sie schreiben wollen, müssen Sie schreiben üben – und wissen, was ein Text ist.
Wir reden nicht von Virtuosität („ ... Ich will doch keinen Literaturnobelpreis gewinnen“, haben Sie gerade gedacht ...). Wir reden nur von den Grundlagen der Klartextproduktion – die in immer dichteren Nebeln verschwinden. Wir reden davon, durch Übung und Konzentration und eine Änderung der Haltung zu heilen, was der Sprache durch fahrlässige oder bösartige Deformation angetan wurde.
Die Psychologisierung und Akademisierung des Handwerks stammt aus den 1970er-Jahren, als man glaubte, einfach alles lernen zu können, wenn man nur den rich-

Ich schreibe, um herauszufinden, worüber ich nachdenke.
Edward Albee

tigen Moderationskoffer öffnete und die Teilnehmer von was auch immer zunächst einmal fragte: „Wie fühlen Sie sich?" Die, bald pfiffig und gewieft, erkannten schnell die richtige Antwort: „Ich fühle mich blockiert." Wem wollen Sie da noch mit Grobheiten der Art kommen, dass ein vollständiger Satz aus Subjekt, Prädikat und Objekt besteht, vorzugsweise in einer bestimmten Reihenfolge.

TALENT ODER QUALIFIKATION

Nun werden Sie denken: „Ich habe in der Schule lesen und schreiben gelernt, das reicht doch." (Das hat vielleicht zu einer anderen Zeit einmal gegolten – im Bezug auf einen Teil des Problems.) Sie hatten in der Schule auch Musikunterricht – können Sie deshalb Klavier spielen? Und hat der schulische Sportunterricht aus Ihnen einen Torjäger oder einen halbwegs respektablen Hundertmeterläufer gemacht? Wenn Sie Leistungssportler werden wollen, müssen sie hart trainieren, wenn Sie Pianistin werden wollen, müssen Sie Tonleitern üben. Wenn Sie in einen Beruf geraten, in dem gute Sprache nicht nur allgemein lebensdienlich, sondern auch ökonomisch erforderlich ist, müssen Sie trainieren und Tonleitern üben ...

Sie finden nun womöglich das Sprach-Ghetto, in dem Sie sich gerade gemütlich eingerichtet haben, bequemer. Keine Frage: Das ist es!

Die Sprache ist die Mutter, nicht die Magd des Gedankens.
Karl Kraus

„Was sollen wir denn noch alles tun?!" tönt landauf, landab der Schmerzensschrei „der" Wissenschaft. Jetzt sollen wir auch noch „allgemeinverständlich" kommunizieren oder „journalistisch" schreiben." Nicht jeder kann dabei seinen Abscheu verbergen, und in der Regel weiß von den Klagenden auch niemand so recht, was „journalistisch schreiben" (auch gern gleichgesetzt mit „salopp" oder „flott") überhaupt bedeutet. Jeden Tag Zeitung zu lesen (leider sind viele Zeitungen verdammt schlecht geworden, Tribut an qualitätsfeindliche ökonomische Strukturen), heißt nicht, dass ich auch eine machen kann. Jeden Tag Auto zu fahren, heißt nicht, dass ich eines bauen kann.
Doch, doch, es ist genau dasselbe.
„Nun gut", entwickeln Sie schon das nächste Ausweichmanöver: „Ich habe aber gar kein Talent zum Schreiben." Was soll das?

Für welchen Beruf braucht man kein Talent? Aber würden Sie Ihre Wasserleitung von einem Klempner reparieren lassen, der Ihnen sagt: „Ich habe unheimlich viel Talent, Wasserleitungen zu reparieren", oder noch besser: „Ich habe so ein Gefühl für Wasserleitungen ..."?
Was heißt das in Ihrem Fall? Sie sitzen, vorzugsweise nachts, bei offenem Fenster über Ihrer Arbeit. Die Szene ist in dämmriges Licht getaucht, die Vorhänge wehen anmutig im leichten Wind. Da, plötzlich, schwebt die Muse herein, küsst sie (auf die Stirn) und wie von Sinnen und quasi automatisch manifestieren sich die genialen Sätze auf dem Papier. Das ist die geisteswissenschaftliche Version. Die naturwissenschaftliche ist

etwas besser beleuchtet, der Vorhang ist eine Jalousie, und die Manifestationen Ihres Genies kommen nicht als Muse, sondern per Blitz.
Ganz im Ernst: Es ist eine alte Gaunerei, besonders im Wissenschaftsbetrieb, in Sachen Schreiben bei allem, was über Zitierrregeln und den Hinweis, Überschriften zu verwenden, hinausgeht, „Talent“ gegen Qualifikation ausspielen zu wollen. Das Überangebot an „Schreibkursen“ täuscht nur Laien über diesen Tatbestand hinweg. Talent hat man oder hat man nicht – das kennen Sie – Talent ist schicksalhaft, und wenn die Muse vorbeifliegt oder der Blitz woanders einschlägt, haben Sie eben Pech. Das sind Figuren aus der Genieästhetik der deutschen Romantik und aus dem Idealismus, die dazu missbraucht werden, die handwerklichen Stützpfeiler des Schreibens im Schlamm versinken zu lassen.

„Also gut“, denken Sie (Sie wollen immer noch fliehen ...) „Ich bin erstklassig ausgebildet, hochqualifiziert und ziemlich gut im Denken. Die formal-rhetorische Artistik kann ich mir zur Not auch sparen“, und Sie sagen sich in rechter Geheimratsmanier: „Es trägt Verstand und rechter Sinn mit wenig Kunst sich selber vor ...“ oder à la Einstein: „Wenn du vorhast, die Wahrheit zu beschreiben, dann überlasse die Eleganz dem Schneider.“ (In Schreibkursen erhellen sich bei diesem Zitat stets die Gesichter, besonders bei Naturwissenschaftlern.)
Geschliffene Sprache ist ohnehin nur ein *nice to have* für diese eitlen „Popularisierer“ ...
Sicher?

Sie glauben immer noch, es ginge nur um formale Sprachbeherrschung, „bloße Rhetorik", und ansonsten um das von Sprache losgelöste Denken? Nach Musen und Geistesblitzen tritt ein drittes Fabelwesen auf: der reine Geist oder wie der französische Soziologe Bruno Latour es nannte: der Kantsche Science-Fiction-Alptraum vom „Geist-im-Gefäß", der zwar keinerlei Verbindung zur Welt hat, aber sich anmaßt, über sie zu sprechen.

„Die einfache Präsentation einer Sache genügt nicht, um ihr Geltung zu verschaffen oder mit anderen Worten: Eine gleichsam naturgemäße Selbstrepräsentation einer Sache gibt es in den menschlichen Dingen nicht. Erst das qualifizierte und qualifizierende Sprachdenken macht zur differenzierenden Wiedergabe des Gesehenen, Erlebten und Erforschten überhaupt fähig", erklärt uns demgegenüber Gert Ueding, ehemaliger Direktor des einzigen deutschen Seminars für Rhetorik an der Universität Tübingen. Rhetorik ist durchaus keine nur formale Kunst, die man einem zuvor „Gedachten" einfach überstülpt.

Goethe und Einstein irrten. Auch kluge Köpfe sitzen mitunter Illusionen auf, besonders, wenn sie ein Ressentiment loswerden wollen.

Wenn Sie jetzt noch immer fliehen wollen, um das Üben von Tonleitern und die Arbeit an Ihrer Haltung zu vermeiden, müssen Sie nicht mehr umblättern.

Das ist nicht die erste schlechte Nachricht, die wir Ihnen zu bieten haben: Schreiben lernt man nur durch Schreiben. Durch einmalige Teilnahme an einem anderthalbtägigen Workshop lernen Sie es genau so wenig, wie Sie im achtstündigen sogenannten Intensivseminar Brasilien „alles" über ein Land mit knapp 200 Millionen Einwohnern lernen, seine Kultur, seine Sprache, die Wirtschaft und die Politik und was dergleichen Petitessen mehr sein mögen. Man soll sich gegen Teilnahmegebühr auch in 16 Stunden einen guten Charakter zulegen können, Konfliktmanagement und „Leadership" lernen. Geht nicht, meinen Sie? Natürlich nicht!

„Schreiben ist harte Arbeit", erklärt uns der US-amerikanische Journalist William Zinsser, ein Urgestein unter den Schreibprofis. „Ein klarer Satz ist kein Zufall. Sehr wenige Sätze stimmen schon bei der ersten Niederschrift, oder auch nur bei der dritten. Nehmen Sie das als Trost in Augenblicken der Verzweiflung. Wenn Sie finden, dass Schreiben schwer ist, so hat das einen einfachen Grund: Es ist schwer!"
Wirkungsvolles Schreiben bedarf der dauernden und möglichst kontinuierlichen Übung, und die beste Art, gut und sachgerecht schreiben zu lernen, ist kontrolliert und bewusst viel und häufig zu schreiben, weiß die klassische Rhetorik. Eines ihrer wichtigsten Schulungsmittel ist immer schon *imitatio*, die Nachahmung

von Vorbildern. Mit anderen Worten: Wenn Sie schreiben wollen, sollten Sie lesen.
Es besteht kein Grund, sich entmutigen zu lassen. Sie sollen und wollen kein Schreibprofi werden (falls doch: Für Sie ist dieses Buch nicht gemacht!) Unser Ziel ist es nicht, Sie in unseren Beruf einzuführen. Wir wollen Ihnen nur ein wenig die Arbeit erleichtern.

Noch einmal: Ein klarer Satz ist kein Zufall.
Ein Mysterium ist er aber auch nicht.

*Man kennt die Dinge nur durch die Worte;
wem die Macht über die Sprache fehlt, der wird
notwendigerweise kurzsichtig, verblendet
und närrisch in seinem Urteil über die Dinge sein.*

Erasmus von Rotterdam
– Die rechte imitatio, Bd. II, S. 51" 102

AUF DER NÄCHSTEN SEITE BEGINNEN DIE ÜBUNGEN

Wenn Sie damit fertig sind, können Sie sich dafür loben, den ersten Schritt geschafft zu haben und ruhen.

Oder Sie machen den nächsten Schritt und absolvieren einen Online-Kurs auf schwafelkiller.com

Übung

Und jetzt tun Sie folgendes:
Nehmen Sie Papier und Bleistift und schreiben Sie 15 Minuten lang zu einem der folgenden Themen:

Ein Spaziergang im Schlosspark von Sanssouci
Ein Unfall im ICE
Wir besichtigen die Zeche Zollverein
Ostern im Schnee

Schreiben Sie nicht mehr als eine halbe DIN A 4-Seite.
Schreiben Sie mit der Hand!
Wiederholen Sie diese Übung täglich eine Woche lang. Sie können entweder immer zum selben Thema schreiben, zum Beispiel aus verschiedenen Erzählperspektiven („ich“ oder „er“ oder „sie“ [Singular oder Plural]) oder einmal ein Märchen, einmal eine reißerische Minireportage verfassen. Aber schreiben Sie nie länger als 15 Minuten und nie mehr als eine halbe Seite.

Oder Sie schreiben zu anderen Themen:
Hier weitere Vorschläge:

Ein Abendessen mit Freunden
Eine Reise an die See
Eine Wanderung in den Bergen
Wahlkampf

TL; DR

Dieses Kapitel benennt die Grundlage unserer Herangehensweise: Wir reden nicht von Gefühlen, „Blockaden“, Angst vor leeren Blättern und dergleichen. Wir reden von Handwerk. Wir reden auch nicht von Talent, sondern von Qualifikation. Das ist einfacher, viel weniger erschreckend, aber leider etwas anstrengend: Wenn Sie Klavier spielen wollen, müssen Sie Tonleitern üben und wissen, was eine Partitur ist. Wenn Sie schreiben wollen, müssen Sie schreiben üben – und wissen, was ein Text ist.

Weitere Figuren dieses Kapitels: Genieästhetik und Romantik, ein Irrtum Einsteins, eine schlechte Nachricht und eine Gaunerei ...

2 | Ein falscher Freund namens Niveau

Wissen Sie eigentlich, was ein Genre ist? Mitteilungen aus der Zielgruppe und ein kecker Gruß vom Boulevard

Wissenschaftler reden wahnsinnig gern über das „Niveau“ nichtwissenschaftlicher Publikationen, über Medien, die leider nicht in der Lage seien, „komplexe“ Sachverhalte angemessen darzustellen. Den „Popularisierungen“ – auf das „Niveau“ des Normalbürgers flachgebügelte „Erkenntnisse“ – hatte man ohnehin nur zähneknirschend zugestimmt. Viel stärker vom Gesichtssinn und den visuellen Medien gesteuert, als man jemals zugeben würde, stellt man sich auch die Schreiber dieser „Popularisierungen“ als eine Art Kamera mit leerer Speicherkarte vor, welche die genialen Gedanken der Wissenschaftler mittels technischer Geschicklichkeit, über die man gar nichts wissen will, irgendwie abknipsen. Und falls das nicht klappt, greift eben genau die soeben erwähnte Alltagsüberzeugung großer Teile des Betriebs: Die Medien sind inkompetent, und der Bürger ist unverständig. Viele Wissenschaftler leben in einer mono-logischen Welt und reagieren mitunter gereizt, wenn bezweifelt wird, dass ihre „Logik“ die einzige sei. Einer der Gründe dafür ist auch das immer noch große Aufkommen von Laien in Stellen für Presse- und Öffentlichkeitsarbeit an Universitäten oder anderen wissenschaftlichen Einrichtungen und Forschungsverbünden – Hauptsache, sie kommen aus dem eigenen Stall.

Dass es schlechte Berichterstattung über „Wissenschaft“ gibt, steht außer Frage. Für uns ist das aber vor allem die bereits erwähnte „Wissenschafts-PR“, das Knallgas-Fernsehen à la „Aha, so ist das!“, das mehr verschweigt als es erklärt und das Publikum in der Gewissheit wiegt, Wissenschaft könne alles endgültig feststellen. Für Uneindeutigkeit will schließlich niemand bezahlen. Das wird der Komplexität der Forschung und ihrer Ergebnisse natürlich nicht gerecht. Die Projektion der Sehnsucht nach der Einfachheit und nach Orientierung auf die Wissenschaft wird zu einem gravierenden Problem – eine der Spätfolgen eines alten Objektivitätsversprechens der Wissenschaft selbst.
Mit schlechter Berichterstattung meinen wir auch die peinlichen Auftritte einiger Leute als „Wissenschaftsexperten“ im öffentlich-rechtlichen Fernsehen, wo dann beispielsweise ein Astronom den Reaktorunfall im japanischen Fukushima „analysieren“ soll. Dass man sich das falsche Fach ausgesucht hat, macht ja nichts, schließlich ist der Mann Professor ... Dass der Professor ein solches Ansinnen nicht zurückweist, muss nicht mehr kommentiert werden.
Wir meinen auch diejenige Wissenschaftskommunikation, die Forscher – weniger Forscherinnen – mit dem Glanz des Elitären umgibt. Wieder ein Preis, wieder eine Million, wieder eine Medaille für ein bahnbrechendes Werk, für „die“ akademische Autorität oder

den genialen Tüftler, für den lonesome cowboy in der Wildnis der Wissenschaften, für die letzten „sauberen" Helden. Und genau hier wird „Wissenschaftskommunikation" zum weißen Raben, indem sie das Gegenteil all dessen erzeugt, was sie behauptet zu tun, nämlich angeblich Transparenz herzustellen.

Es wäre aber unendlich nützlich und hilfreich, einmal innerhalb der Wissenschaft über das (sprachliche) „Niveau" wissenschaftlicher Publikationen zu reden, anstatt „Niveau-Unterschiede" zwischen Äpfeln und Birnen zu konstatieren – oder wahlweise zwischen einem Gedicht und einer chemischen Formel, zwischen „wissenschaftlichem" und „journalistischem" Schreiben, „wissenschaftlichem" und „trivialem" Denken und schließlich „wissenschaftlichem" und „journalistischem" Niveau.

Wenn Sie nun etwas über Genres, Formate und Geschäfte erfahren wollen, sollten Sie den Schwafelkiller besuchen.
schwafelkiller.com

Die wissenschaftliche Erkenntnis für sich genommen erscheint nur im Ausnahmefall glaubwürdig, die Regel ist vielmehr ihr Glaubwürdigkeitsdefizit, steht sie doch unvermittelt zu den Lebensvollzügen, in die sie eingreifen soll.
Gert Ueding, Klassische Rhetorik

DENKEN SIE NICHT AN EINEN ELEFANTEN – UND EIN GEFÄHRLICHES MONSTER NAMENS ZIELGRUPPE

Egal, was Sie tun, denken SIe nicht an einen Elefanten! Diese oft zitierte und ebenso oft geklaute kleine Gemeinheit des Linguisten George Lakoff von der University of California, Berkeley, zeigt, was so alles passieren kann mit Sprache und mit Wörtern. Ein einziges Wort reicht aus, um einen gedanklichen Prozess auszulösen, einen Prozess zudem, den wir nicht im Griff haben! Eine Assoziationskette ist so schnell losgelaufen wie ein Elefant auf der Flucht.

Ebenso schnell geht der Konnotationsraum eines Wortes auf, seine emotionalen und assoziativen Nebenbedeutungen und Überlagerungen, die sozial oder individuell gebunden sein können. Sie geben dem „denotativen Kern" eines Wortes zusätzliche Bedeutungen, die je nach Zielgruppe vollkommen unterschiedlich sein können.

Wenn Sie also für eine bestimmte Zielgruppe schreiben, nützt Ihnen Ihr vielleicht immenser Wortschatz überhaupt nichts, wenn Sie nicht wissen, was bei denen, für die Sie schreiben, mitklingt – und nicht bei Ihnen persönlich oder bei Ihrer Peer Group, wenn beipielsweise die Rede von „Kloakentieren" oder „Arbeitsmoral" ist.

Zur Arbeit von Programmgestaltern, Redaktionen und Herausgebern gehört es, solche Dinge zu wissen, die implizite „Grammatik" verschiedener Sprachen zu kennen. Sie wissen sehr genau, welche Worte oder Wortgruppen, welche Art von Bildern oder Kombinationen von (gesprochenen oder geschriebenen) Worten und Bildern und Tönen bei „ihren" Kunden welche Wirkungen haben. Sie kennen das jeweilige Sprachklima innerhalb bestimmter sozialer Gruppen, sie kennen Soziolekte von Subkulturen, Einkommensverteilung, bestimmte Vorlieben wie vielleicht die Erwartung, in regelmäßigen Abständen einen Leitartikel von XY zu lesen, sie sind informiert über politische Orientierungen der Bevölkerung, wissen, wie lang die Sätze im Text maximal sein dürfen und wie man Sprachbarrieren überwindet. (Und wenn in Pressestellen von Universitäten und anderen wissenschaftlichen Einrichtungen Profis arbeiten, wissen die das auch.) Die Wechselwirkungen zwischen (vermeintlicher) Manipulation und (vermeintlicher) Bedürfnisbefriedigung sind hoch komplex. Es führt daher zu gar nichts, davon zu reden, dass „die" Massenmedien, denen gern manipulative Bösartigkeit unterstellt wird, „die" Massen, die ebenso gern als willenlose Marionetten dieser Schurken angesehen werden, am Gängelband herumführen. – Und das vor allem, um Sie, ja, genau Sie zu ärgern. „Kluge Köpfe" und diejenigen, die gern behaupten „mehr" zu „wissen", lieben es genau wie „die" Massen, wenn ihre Ressentiments bedient und ihre Selbstvergewisserungsrituale klangvoll instrumentiert werden.

Klagen sind wohlfeil, denn erstens leben wir in einem System, das alles ganz genau so gewollt hat, und zweitens sind die Leute nicht so doof, wie Sie denken.

Außerdem: In einer Demokratie ist es laut, und in jeder komplexen Kultur gibt es mehr als eine Logik. Übrigens hat auch das kokett demonstrierte ökonomische An-

alphabetentum in weiten Kreisen der Wissenschaft eine Menge zu den Verfallserscheinungen dieser Tage mitsamt den daraus folgenden Scheindebatten beigetragen.
„Die“ Mitarbeiter in Medien aber, die den üblichen Verwünschungen ausgesetzt sind, sind – was die Produktion von Publikationen angeht – Profis, das heißt, Leute, die gelernt haben, was sie tun. (Bis vor kurzem war das jedenfalls so.) Deshalb muss einem nicht gefallen, was sie tun! Darum geht es nicht! Vielleicht finden Sie es nicht in Ordnung, dass so viele Autos, Atomkraftwerke oder Windräder gebaut werden. Sie würden aber immer ohne zu zögern konzedieren, dass es professioneller Fähigkeiten bedarf, es zu tun.

Zielgruppenorientierung ist übrigens so neu nicht. Für jede „Rede“ ist der Zuhörer die entscheidende Erkenntnis und Interesse leitende Instanz, erklärt uns bereits Aristoteles. Später nennt man dies in der Klassischen Rhetorik die *captatio benevolentiae*.
Wenn man dann einmal die gemütliche Ideologie-Eckbank mit eingebautem Naserümpfen verlassen hat, kann man erkennen – wenn man will – dass man nur ein Mitglied einer Subkultur von vielen ist und das Wohlwollen der anderen erst gewinnen muss, ohne darauf zu bestehen, die Welt ganz allein erklären zu wollen – oder sich anzumaßen, es überhaupt zu können.

Apropos

Apropos Subkultur: Sie sehen also, dass die Anwendung interkultureller Kompetenzen nicht mit dem Überschreiten von politischen Grenzen oder mit dem Wechsel in die Fremdsprache beginnt. Ist man aber erst einmal so weit, dass man sie wirklich im Ausland oder in internationalen Teams oder Graduiertenschulen anwenden muss, ist es gut, wenn man das interkulturelle Kommunizieren zuvor vor der eigenen Haustür geübt hat. Dann begreift man auch schnell, dass Menschen, die genau so aussehen wie man selbst und auch mit Rucksack und Sneakers ins Institut kommen, möglicherweise völlig anders ticken als man selbst.
Weil man vielleicht gelegentlich Mails ins englischsprachige Ausland schickt, ist man noch lange nicht irre international. Und man beherrscht deswegen auch noch keine interkulturelle Kommunikation – schon gar, wenn man nicht einmal bereit ist, sich für das hiesige Umfeld verständlich zu machen. Wenn da die Übung fehlt – und die Haltung – wird's auch in Übersee schwer.

DER BERICHT

Der Bericht ist eine zentrale journalistische Form, die sich auf ein aktuelles Ereignis bezieht. Im Bericht werden Sachverhalte dargestellt und Hintergründe dazu beleuchtet. Berichte sind sachlich, kalt und bündig, Eine parteiliche Stellungnahme scheidet aus, kommentierende Passagen sind obsolet.

Die Überschrift (Head) und der Vorspann (Lead) des Berichts sind das Erste, was der Leser wahrnimmt. Sie locken ihn in den Text hinein und wecken Interesse für den Gegenstand. Überschrift und Vorspann müssen ein hohes Maß an Information enthalten, den Inhalt des Beitrages fixieren und zusammenfassen sowie wichtige Aspekte des Gesagten herausstellen. In guten Redaktionen schreiben erfahrene Redakteure die Vorspänne und Überschriften.

Bereits im ersten Satz oder in den ersten beiden Sätzen des Berichts müssen die W-Fragen „Wer – Was – Wann – Wo – (Wie)“ beantwortet werden. In dieser Funktion wie auch in seiner Stilistik sieht der Bericht der „Nachricht“ am ähnlichsten:

DIE NACHRICHT

Nachrichten sind hierarchisch, nicht chronologisch gegliedert: Das Neue, Wichtige und Interessante steht im ersten Satz. Der erste Satz ist daher keine Einleitung, sondern die Hauptsache oder die aufregendste Einzelheit.

Die natürliche Abfolge der Ereignisse ist aufgehoben (erst der Absturz, dann der Start des Flugzeugs; erst das Gerichtsurteil, dann der Hergang der Verhandlung). Leser freuen sich aber, wenn der Schreiber mit dem zweiten Satz in die Chronologie springt.
Hier sind einige kleine Worte, die Ihnen in Fleisch und Blut übergehen sollten:

DIE W-FRAGEN
Wer hat (Wem ist)?
Was getan (was widerfahren)?
Wann?
Wo?

Wie?
Warum?
Welche Quelle?

nota bene

Das WER muss nicht zwingend eine Person sein, das WAS nicht zwingend eine Sache. Im Moment beschäftigen wir uns nur mit grammatischen Subjekten.

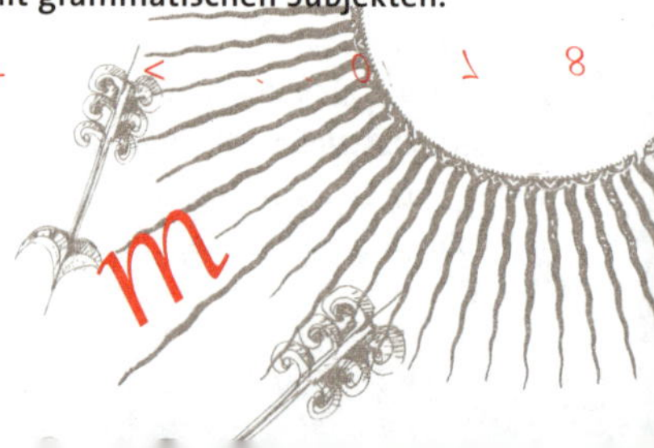

Die Sprache der Nachricht ist knapp und präzise, verzichtet auf stilistische Gefälligkeiten, enthält keine Wertungen. Aus den schlichtest möglichen Wörtern werden gut überschaubare Sätze gebaut. Fachjargon ist verpönt; wo es für einzelne Fachwörter in der Alltagssprache keine Entsprechung gibt, werden sie erklärt.

Bericht und Nachricht sind in ihrer Struktur und in der Wahl ihrer stilistischen Mittel allernächste Verwandte von Projektskizzen, Abstracts, von Forschungsexposés für die DFG, guter Zusammenfassungen für Fachzeitschriften oder eines guten Blogposts. Die von vielen Förderern erwartete Länge für eine erweiterte Überschrift oder einen Kurzvorspann (wahlweise Dachzeile) zu einer Antragsskizze entspricht übrigens auf den i-Punkt genau einem Tweet: 140 Zeichen.

Ich gehe nun zu dem Sachbereich über, innerhalb dessen vor allen Dingen unsere Handlungen (was?) mit Personen (wer?) verbunden sind und diese deshalb zuerst behandelt werden müssen. Bei allem, was nun gesagt wird, dreht es sich um die Fragen: Warum?, wo?, wann?, wie? und mit welchen Mitteln ist es getan worden?

Quintilian, Ausbildung des Redners

Übung

- Schreiben Sie den Anfang eines Berichts zu Themen, die Sie in der ersten Schreibphase gewählt haben.

Beantworten Sie die W-Fragen in der Reihenfolge:
wer – was – wann – wo (auch wenn es holprig klingt).
Hier können Sie Ihren online-Kurs fortsetzen:
schwafelkiller.com

- Kaufen Sie sich eine BILD-Zeitung, eine Süddeutsche Zeitung und ein populäres Magazin wie GEO oder ein sogenanntes Special Interest-Magazin wie brandeins (ein Wirtschaftsmagazin). Lesen Sie! Lesen Sie noch einmal und achten Sie nicht mehr auf den Inhalt, sondern nur noch auf das WIE (Lesen zweiter Ordnung).

Sie können sich natürlich auch alles im Web ansehen. Aber da können Sie nicht so gut Anstreichungen machen – das Bedürfnis haben Sie bei dieser Übung aber vielleicht ...

ZWEI ANDERE W-FRAGEN: WIEVIEL WOVON? DIE ÖKONOMIE DES ERZÄHLSTOFFS

Wenn man begrenzten Platz hat oder wenn man einfach nur eine disziplinierte Denkerin ist, wird man einen Text nicht nur sorgfältig strukturieren; auch die Proportionen müssen stimmen. Ein Wasserkopf, der eine Hühnerbrust niederbeugt, gefällt uns nicht. Und wenn dann das Ganze auch noch auf wackeligen Beinen steht, die in ausgefransten Schuhen stecken, sind wir endgültig verstimmt. (Zu Ludwig Reiners kommen wir noch.)

120 ODER 60 ZEILEN STEHEN ZUR VERFÜGUNG

Einstiegsszene und kurze Umschreibung des Themas:

20 oder 10 Zeilen

Die Handlung wird in Gang gesetzt, Sie stellen die Hauptakteure vor und erzählen die Vorgeschichte raffend nach.

Platzverbrauch bis hier:

ca. 60 oder 30 Zeilen

Jetzt folgt eine farbenreiche Detailschilderung:

20 oder 10 Zeilen

Platzverbrauch bis hier :

ca. 80 oder 40 Zeilen

Jetzt werden einige Nebenakteure erwähnt, Umfeldinformationen oder Hintergründe gegeben:

20 oder 10 Zeilen

Platzverbrauch bis hier:

ca. 100 oder 50 Zeilen

Jetzt nehmen Sie den roten Faden wieder auf und rücken Sie die Hauptakteure in die Mitte; schreiben Sie die Schlussszene:

20 oder 10 Zeilen

Zu Beginn kann es nützlich sein, Zeilen zu zählen. Es gilt nun aber nicht, sich sklavisch an diese Aufteilung zu halten. Sie soll Ihnen nur einen Anhaltspunkt geben. Wenn man sich nämlich anfangs nicht konzentriert, manifestiert sich die Comicfigur mit dem Wasserkopf praktisch wie von allein auf dem Papier – auf dem Bildschirm kann sie sogar wahrhaft monströse Konturen annehmen.
Deshalb auch noch einmal an dieser Stelle unsere dringende Empfehlung:

Schreiben Sie mit der Hand!

Schreiben Sie fiktive Berichte zu den Themen, die Sie bereits in der 2. Übung eingeleitet haben. Wählen Sie als Textlängen abwechselnd 1.600 und 3.000 Zeichen. Schreiben Sie mindestens vier Berichte.

Weiter auf schwafelkiller.com

Übung

Und nun nehmen Sie Ihre Dissertation, Ihren Forschungsbericht, Ihre Projektskizze, Ihr Kapitel des Geschäftsberichts und schreiben Sie ein Exposé in reißerischem Boulevardstil.

W-Fragen nicht vergessen!

Textökonomie nicht vergessen!

Textlänge einhalten (hier eher 1.600 Zeichen)!

Tun Sie's! Es macht einen Heidenspaß.

Zeigen Sie es Kolleginnen, dem Chef und Freunden, aber sagen Sie nicht, dass es von Ihnen ist.

Warum das Ganze? Wenn Sie kommunizieren wollen, müssen Sie auch lernen, von Ihren eigenen Belangen zu abstrahieren und in der Sprache Ihres Gegenübers zu reden.

Dann schicken Sie den Text an schwafelkiller.com

SZENE: WIE ICH EINMAL EINEN TEXT ÜBER EIN RASTERTUNNELMIKROSKOP SCHRIEB

Für das Magazin einer Universität, dessen „Chefredakteurin" ich war, schrieb ich einmal einen kurzen Text über die Funktionsweise eines Rastertunnelmikroskops. Ich hatte schon oft – nach Aussagen von Physikern – einigermaßen erfolgreich über physikalische Themen geschrieben oder Texte von Physikern redigiert. Um mich nun dieses Themas anzunehmen, machte ich mich speziell sachkundig, führte Interviews, las Fachartikel und sogar ein ganzes Buch.

Um sicherzugehen, dass ich keinen Unfug schreibe, schickte ich den Text verschiedenen Physikern – auch einigen von denjenigen, die in dem Sonderforschungsbereich arbeiteten, um dessen Darstellung es ging. Ich erwähnte allerdings nicht, dass der Text aus meiner Feder stammte, noch machte ich irgendwelche Angaben zur Autorschaft. Der Text sei in Ordnung, meinten sie übereinstimmend. Sie gingen ungeprüft davon aus, dass der Beitrag von einem Physiker stammen müsse.

Dann schickte ich den Text an andere Physiker, natürlich nicht irgendwelche, sondern solche, von denen ich wusste, dass sie ebenfalls mit der Thematik vertraut sind bzw. daran arbeiten. Ich erwähnte, dass dieser Text von anderen Physikern eines anderen Projekts stamme (die Namen könne ich natürlich noch nicht nennen) und mir für den Abdruck im Unimagazin übermittelt worden sei. Der Text sei im Prinzip in Ordnung, antworteten sie übereinstimmend, wenn auch in einigen Punkten ... hier und da ... Sie wissen bereits, welche Art von kleinen Einwänden hier artikuliert wurde.

Ungefähr drei Wochen später (kurz vor Redaktionsschluss) schickte ich den Text zum Abschluss meines kleinen Experiments an alle zuvor befragten Physiker. Diesmal sagte ich ihnen, dass der Text von mir stamme. Alle wussten (von mir selbst), dass ich keine Physikerin bin, ja, in ihrem Sinne bin ich auch keine Wissenschaftlerin.
Sie ahnen bereits, was geschah: So geht das nicht, nein, so kann man das nicht sagen, die Quanteneffekte sind für Laien schwer zu verstehen, das sei gar kein Wunder, dass der Text den Sachverhalt nicht korrekt wiedergebe usw. usw. Nota bene: Es war deselbe Text, den sie zuvor gutgeheißen hatten.
Ich habe dieses Experiment in anderen Fächern gelegentlich wiederholt. Das Ergebnis war immer dasselbe.
Zu dieser Art Erfahrung gehört auch die Tatsache, dass immer dann, wenn Texte das Wohlwollen von Wissenschaftlern fanden, sie mich automatisch eingemeindeten. „Sie sind Physikerin?" – „Sie sind Ägyptologin?". Stets verneint, folgte zuerst Verwirrung, dann gelegentlich die Frage (im Ernst!): „Und wer hat das geschrieben?"
Falls die Ergebnisse meiner Bemühungen nicht gefielen (und ich nehme wie viele meiner Kollegen unter keinen Umständen für mich in Anspruch, immer sofort den brillanten Volltreffer zu landen), wurde NIEMALS in Erwägung gezogen, das vielleicht die gesprochenen oder geschriebenen Vorlagen unübersichtlich sein könnten. Man erklärte IMMER, dass der Stoff nun einmal sehr komplex und deswegen schwer verständlich sei. Wobei in aller Regel der Mangel an Verständlichkeit in die Unfähigkeit des anderen, verstehen zu können verwandelt wurde. Und das nicht etwa aufgrund womöglich fehlen-

der Ausbildung (diesen Einwand würde man von jedem Friseur akzeptieren), sondern – Sie ahnen es – aufgrund mangelnder Intelligenz – immer schön eingepackt in eine Zuckerwattewolke aus Gönnerhaftigkeit und maliziösem Trost.

Ach ja. Welche Reaktionen gab es, nachdem die „Versuchskaninchen“ aufgeklärt wurden? Bei der großen Mehrheit Schweigen, einfach nichts. Bei einigen offene Aggression – einer bedankte sich. Wofür ... ?

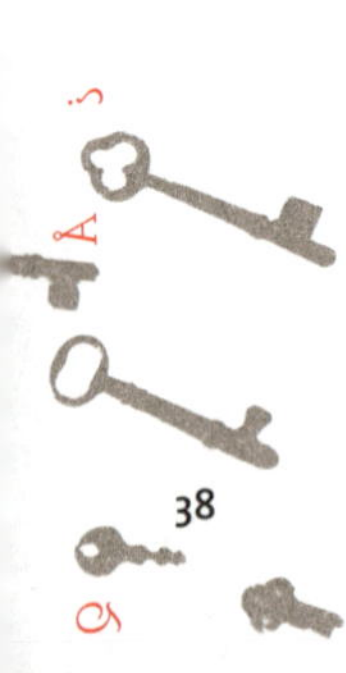

TL; DR

Wissenschaftler reden wahnsinnig gern über das „Niveau“ nichtwissenschaftlicher Publikationen, über Medien, die leider nicht in der Lage sind, „komplexe“ Sachverhalte angemessen darzustellen. Den „Popularisierungen“ – auf das „Niveau“ des Normalbürgers flachgebügelte „Erkenntnisse“ – hatte man ohnehin nur zähneknirschend zugestimmt. (Wir mögen übrigens bei weitem nicht alles, was in „den Medien“ kommt ...)
Hier geht es uns darum zu zeigen, dass die so geführte Rede vom „Niveau“ wenig sinnvoll ist, wenn wir bei der Gelegenheit Äpfel mit Birnen vergleichen wollen und nicht erkennen, dass wir es in der Regel mit unterschiedlichen Genres zu tun haben.

Weitere Figuren in diesen Kapitel: Ein Elefant, Konnotationen und Assoziationen, Zielgruppen, Redakteure.

3 | Verdunkelungsgefahr

Ein Gespenst namens Wissenschaftssprache

Jeder weiß, dass Gespenster nur dort Angst und Schrecken verbreiten können, wo es dunkel ist. Je heller es ist, umso grässlicher müssen Fratzen und Gebärden sein, damit der Mensch Angst hat, wahlweise Ehrfurcht vor „Attributionsfehlern in perzeptuell ambigen Situationen"; Angst vor „Emergenzen von zu Illustrationszwecken appendizierten Karten"; vor „Stabilitätssuggestionen" und „Mikrosatelliteninstabilität" oder gar vor den „Kontingenzproblemen im Interventionsgeschehen" ...

Vorneweg: „Fachsprachen" sind eine gute Sache. Sie sind vor allem charakterisiert durch den Gebrauch von Fachbegriffen. Die Jäger haben ihre Fachsprache, die Seeleute auch, Klempner, Friseure und Ingenieure. Fachbegriffe können richtig dosiert – und dort, wo sie ihren engsten Zirkel verlassen, gut erklärt – wahre Wunder wirken, überhaupt lebensdienlich und ganz notwendig sein. Niemand hat etwas dagegen, zu lernen und seinen Wortschatz zu erweitern, und im Baumarkt kann es den Kaufvorgang beschleunigen, wenn man weiß, dass man eine „29-er Hohlkehlleiste" will. Aber darum geht es hier nicht.

Kein Jäger, kein Seemann und kein Friseur käme auf die Idee, etwas für sich in Anspruch zu nehmen, was wir auf der Beratungs-Webseite einer Universität gefunden haben: Unterricht in „für wissenschaftliche Textsorten typische[n] grammatische[n] Strukturen". Substantivitis und Passiv plus Kauderwelsch? Sollte gelehrt werden, die für wissenschaftliche Textsorten typische Aufzäumung des Pferdes von hinten vorzunehmen? Oder in einer „perzeptuell ambigen" Situation Nerven zu behalten, wenn man nämlich wahnimmt, dass man beim Schreiben von Texten in der Wissenschaft zwischen zwei Stühlen sitzt: einerseits den Forderungen des Betriebs, einem Blatt Papier unentwegt Kauderwelsch zu „appendizieren" und andererseits (im Glücksfall) den Warnungen des eigenen Verstands folgen zu sollen, der einem heimlich zuflüstert: Flieh oder stirb!

Wie auch immer: Vor der Grammatik ist – außer dem Poeten – jeder Schreiber gleich! Dinge wie die hier genannten gehören in den Bereich der Stilistik – an der wir noch arbeiten werden.

Es gibt richtige und falsche grammatische Strukturen, aber sicher keine „typischen grammatischen Strukturen" für was auch immer. Typisch ist allerdings die Botschaft, die hier vermittelt wird, dass es nämlich für den Wissenschaftbetrieb von welcher höheren Macht auch immer sanktionierte Ausnahmeregelungen beim Gebrauch der Sprache geben könnte. Das allerdings halten wir für einen schweren Attributionsfehler. Wenn sich derlei Irrtümer schließlich treffen mit übermäßigem Jargongebrauch (der in den 50er-Jahren im Ivy-

League-Cluster an der amerikanischen Ostküste entstand und von dort zu uns und anderen kam) entsteht das, was der Präsident der Akademie für Sprache und Dichtung, Klaus Reichert, den „Hochmut eines abgefeimten Zuhälterstils, den keiner mehr versteht", nennt. (Süddeutsche Zeitung vom)

Wie wenig man sich darauf einbilden sollte, wird deutlich, wenn man weiß, dass über die Hälfte der Zeitschriftenaufsätze nur vom Autor selbst gelesen wird, und schon vor Jahren war eine verlässliche Studie im Umlauf, dass eine gewöhnliche Veröffentlichung in einer gewöhnlichen geisteswissenschaftlichen Zeitschrift weniger als zwei Leser finde. Der größte Teil der „fachsprachlichen" Textproduktion wird in der Regel schon von der nächsten Nachbardisziplin als Zumutung empfunden. Doch „Fachsprache" – um die es sich aber nicht wirklich handelt – gilt als unabdingbar, und die Undurchdringlichkeit des Textes als Ausweis wissenschaftlicher Qualität.

nota bene

Es geht nicht darum, die Spezialsprachen kleiner Zirkel um ihr gutes Recht zu bringen. Wenn Sie aber keine andere Sprache mehr zur Verfügung haben, sollten Sie sich nicht darüber beklagen, dass die sensationsheischenden Teile „der" Medien (und das sind oft ganz andere, als Sie glauben) die letzten Rätsel der Menscheit und des Universums lösen ...

Es zeitigt die weitreichendsten Folgen, wenn sich das Wissen erst als Wissen erweisen lässt, indem es praktisch wird, denn praktisch kann es nur werden, wenn es seine Adressaten auch erreicht.

Gert Ueding, Klassische Rhetorik

SZENE: SCHLECHTE VORBILDER

Es ist ein wiederkehrendes Problem in Schreibkursen für Nachwuchswissenschaftler: Wir versuchen, Ihnen die Arbeit zu erleichtern, indem wir ihnen vermitteln, dass Schreiben mehr mit Handwerk als mit Talent zu tun hat. Wir zeigen ihnen, wie man klare und verständliche Texte schreiben kann (oft lösen sie dabei auch zum ersten Mal gedankliche Probleme ihrer Arbeit). Wenn der Kurs vorbei ist, müssen sie zurück zu ihren akademischen Lehrern, die sie womöglich selbst in den Schreibkurs geschickt haben, wohl in der irrigen Meinung, das wäre so etwas wie die Behandlung bei einer Kosmetikerin.

Die Lehrer werden in aller Regel das Gegenteil von dem demonstrieren, was wir ihren Schülern beigebracht haben – immer wieder. Es sind aber die Lehrer, welche die Gratifikationen verteilen in Form von Noten, Stellen oder Empfehlungen. Aber niemals, noch niemals ist es gelungen, auch nur einen dieser Lehrer davon zu überzeugen, dass er entweder noch etwas zu lernen habe oder dass er seine Haltung ändern sollte (in der Regel beides). Das gilt für geschriebene Texte ebenso wie für Vorträge, derer wir unzählige erlebt haben und bei denen wir uns jedesmal fragten: Warum tun wir das eigentlich? Wir bringen die jungen Leute in eine unmögliche Situation, wenn sich nämlich die Texte ihrer Lehrer vor ihren Augen in Luft auflösen.

GENIESSEN SIE DIE KLEINE SAMMLUNG SCHRECKLICHER SÄTZE

Denn nur wenn Handlungen als an und für sich kommunikative (beziehungsweise virtuell kommunikative), nämlich sprachgemäß regelbezogene und daher in Sprache übersetzbare Lebensäußerungen in einer Gemeinschaft (beziehungsweise in Bezug auf eine Gemeinschaft) identifizierbar sind, können sie von Naturerscheinungen, die mit Hilfe des Schemas der Kausalität transsubjektiv identifizierbar sind, überhaupt unterschieden werden.

Um die Mitarbeiter zur Teilnahme an solchen Weiterbildungen zu bewegen, können Vorgesetzte die Teilnahme an Weiterbildungsmaßnahmen vorschreiben oder belohnen oder als Mentoren agieren und ihre Mitarbeiter zur Teilnahme motivieren. Vorgesetzte können ihre Wertschätzung einer Weiterbildungsmaßnahme vermitteln und das Vertrauen der Mitarbeiter in ihre Weiterbildungsfähigkeit stärken.

Die Hypothese einer gemeinsamen Repräsentation widerspricht der Annahme einer selbstspezifischen Repräsentation des eigenen

Körpers, und tatsächlich können Attributionsfehler nicht nur in pathologischen Fällen, sondern zum Beispiel auch in normalen, perzeptuell ambigen Situation vorkommen.

❧

Dies führt zu der Frage, wie wir selbst und fremd unterscheiden. Motorische Theorien der sozialen Wahrnehmung postulieren zwei Informationsquellen: implizite, sensomotorische Prozesse und explizite Faktoren, wie Intentionen oder situationsspezifische Hinweisreize.

❧

Wir konnten jüngst zeigen, dass im Widerspruch zur Theorie gemeinsamer Repräsentationen, beobachtete eigene und fremde Handlungen unterschiedlich und nicht äquivalent im motorischen System des Beobachters abgebildet werden.

❧

Dabei hängen sowohl Über- als auch Unterforderung negativ mit Gesundheit zusammen.

❧

Aufgrund der Spezifika des Mediums Karte, das (zumindest in analogen Versionen) Ambivalentes kaum abzubilden vermag, emergiert dabei aber selbst bei Karten, die nur zu Illustrationszwecken appendiziert wurden, im Zuge der Transposition immer auch Neues: Karten zwingen zur Vereindeutigung oder konstruieren Zusammenhänge, die sachlich nicht bestehen.

Zusammenfassen lassen sich unsere Ergebnisse also dahingehend, dass die Einschätzung der Weiterbildungseffektivität mit der Passung von arbeitsbezogenen Bedürfnissen und dem Grad ihrer Erfüllung steigt.

Vor diesem Hintergrund soll es in diesem Forum um Fragen der kulturellen Vielfalt, um die konstituierenden Prozesse gesellschaftlicher Akzeptanz und um die Vermittelbarkeit wissenschaftlicher Arbeit im Rahmen einer demokratischen Meinungsbildung sowie zentral um die Frage einer aktiven muttersprachlichen Identität innerhalb der deutschen Wissenschaft gehen.

Die Bildungsrepublik 2.0/Sozialbörse.org entwickelt und stellt als gemeinnützige Organisation modernste Online- und Mobile-Infrastruktur für, am Gemeinwohl orientierte, deutsche Kinderhilfsprojekte kostenlos und mehrsprachig zur Verfügung und vernetzt über das webbasierte Social-Relation-Management-System (SRM) die Akteure aus Kinder- und Jugendarbeit, sowie des nachbarschaftlichen Umfelds der von Armut betroffenen 2,5 Millionen Kinder, um somit nachhaltig auf Bildungsgerechtigkeit und Chancengleichheit hinzuwirken.

Zudem stellt sich die Frage, inwiefern sich kartographische Verfahren für eine historisch adäquate Darstellung von Zusammenhängen vergangener Raumzeitsegmente eignen.

Und: In seiner Eigenschaft als Vertreter der Gattung canis wurde ein näher nicht bezeichnetes Exemplar derselben von einer Person männlichen Geschlechts, über die ebenfalls keine genaueren Angaben vorliegen, mittels der der Mundregion zugehörigen Werkzeuge tätlich angegriffen. Oder: Mann beißt Hund.

Es ist eine hervorragende Übung, diese Ungetüme in gutes Deutsch zu verwandeln – und an den Schwafelkiller zu schicken.

Falls Sie Ludwig Reiners noch nicht kennen, werden Sie ihm nun hier begegnen. Seine „Stilfibel" sollte jeder in der Schublade haben, der irgendetwas mit der Produktion von Texten zu tun hat. Die Profis greifen auch gern zu Reiners' „Stilkunst". Manches Beispiel, das Reiners wählt, mag uns ein wenig antiquiert vorkommen, schließlich stammt das Buch aus dem Jahr 1951. Inzwischen ist es aber in fast 40 Auflagen erschienen.

REINERS' STILFIBEL FÜR EILIGE

Beilspiele, Zitate und Hinweise stammen aus oder folgen: Ludwig Reiners, Stilfibel, dtv 2002

Übermäßig verwendeter Passiv- und Nominalstil sowie unbedachter Gebrauch gewisser „Fachbegriffe" haben sich in vielen Fällen wie Schimmelpilze in zahllosen „Fachsprachen" eingenistet und befallen die Texte, die dort produziert werden. Die Folge ist letztlich der Verlust der Texte als solcher. Deshalb widmen wir diesen schlechten Gewohnheiten ein wenig mehr Aufmerksamkeit.

PASSIV

Nutzen Sie den Passiv in angemessener Weise!
Das deutsche Wort für Passiv – Leideform –
gibt einen Hinweis auf den rechten Gebrauch.

NACHTEILE DES ÜBERMÄSSIG VERWENDETEN PASSIV

- Der Täter bleibt ungenannt. (... was die Illusion von „Objektivität" erzeugen soll.)
- Der Satz wird undurchsichtig und umständlich, weil

wir ein Hilfsverb (werden) einsetzen müssen.

- Der Stil ist anämisch bis tot.
- Der Passiv ist langsam, wenig anschaulich, ohne Schwung.

„Durch statuarische Bestimmungen des zuständigen Gemeindeverbandes kann angeordnet werden, dass von den Hausgewerbe Treibenden Beiträge überhaupt nicht erhoben werden und dass der Verband die Kosten übernimmt, die der Kasse durch die Versicherung ihrer hausgewerblichen Mitglieder nach Abzug des Gesamtbetrages der ihr zufließenden Auftraggeberbeiträge erwachsen."

WARUM IST DAS SO SCHWER VERSTÄNDLICH?

Weil es Handlungen in der Leideform wiedergibt:
„kann angeordnet werden", „nicht erhoben werden"
statt: „kann anordnen" ... „keine Beiträge zahlen müssen"

- Verwandeln Sie die Passivformen in Aktiv und die Nomina in Verben.

`Es wurde festgestellt, dass die Dörfer in der kasachischen Steppe verlassen worden sind ...`

Wer stellt fest, wer verlässt?

- Dasselbe noch einmal bitte.

BEISPIELE FÜR DEN RECHTEN GEBRAUCH DES PASSIV:

- Das Kind wurde von einem Hund gebissen (statt: der Hund biss das Kind), wenn das Kind in unserer Mitteilung die Hauptperson ist.
- Die Schiffbrüchigen wurden aus Seenot gerettet ... das Wrack wurde geborgen ... usw.

Auch diese Sätze kann man im Aktiv formulieren. Es kommt immer darauf an, wer oder was in Ihrer Mitteilung die Hauptperson oder die Hauptsache ist!

NOMINALSTIL

Seien Sie sparsam mit dem Nominalstil, vermeiden Sie die damit häufig einhergehenden Streckverben:

„Entscheidung fällen“

„Bedauern zum Ausdruck bringen“

„in Erwägung ziehen“

Drücken Sie Handlungen nicht durch Hauptwörter aus. Das macht den Text statisch und leblos.

Das Verb ist das Rückgrat des Satzes – brechen Sie es nicht.

Bei Lebewesen von begrenzter geistiger Begabung ist bei allzu großem Wohlbefinden oft die Neigung zu Tanzübungen auf glattem Untergrunde vorhanden.*

Bitte ins Original zurückverwandeln!

Das Originalsprichwort hat zwei Hauptwörter: Esel und Eis, die andere Version hat sechs.

Das Originalsprichwort hat zwei Verben, die andere nur das farblose „ist vorhanden“.

Oder wie finden Sie das?

Nach erfolgter Ankunft und Besichtigung der Verhältnisse war mir die Erringung des Sieges möglich ...

(Wenn Sie wissen, wer Gaius Iulius Caesar war, können Sie dem Satz ohne Probleme seine ursprüngliche Gestalt zurückgeben.)

Außerdem: Misstrauen Sie Hauptwörtern auf -ung und solchen, die aus dem Infinitiv gebildet sind! Sie stammen von Verben ab und möchten häufig gern wieder in ihre eigentliche Form zurückverwandelt werden.

Also prüfen Sie immer, ob im Hauptwort eine Handlung steckt – Erwägung – Gewährung – Besichtigung – Durchführung – Beobachtung – Entwicklung – das Gehen – das Tanzen ... In einigen Fällen werden Sie das

* Wenn's dem Esel zu wohl ist, geht er aufs Eis

Hauptwort brauchen; in den meisten Fällen wird das Verb die bessere Wahl sein.

**HAUPTSACHEN IN HAUPTSÄTZE,
NEBENSACHEN IN NEBENSÄTZE.**

Prüfen Sie ihre Texte! Stehen die Hauptsachen in den Hauptsätzen? Falls Sie etwas ändern müssen, hier die trickreichen Wörter:

ANSCHLUSS MIT NEBENSATZ	ANSCHLUSS MIT HAUPTSATZ
da, weil	denn, nämlich, daher
obwohl, auch, wenn	trotzdem, zwar – aber
um – zu	ich will, nämlich
so – dass	so sehr
wo, wohin, woher	dorthin, dort, dorther
nachdem, als, während	dann, und, zugleich
wenn, falls	sonst, andernfalls
der, welcher	und, aber, nun, auch

Hier schnell zwei Schlampereien, mit denen Ludwig Reiners noch nicht konfrontiert war: ... im Dezember diesen Jahres *– oder sagen Sie auch: die Fenster diesen Hauses ...? und sagen Sie niemals* „auf Basis“*! oder sagen Sie etwa: auf Fußboden diesen Hauses ...?*

Jetzt sollten Sie schwafelkiller.com besuchen. Dort geht es weiter mit Präpositionen: „Die von für Stil schwachbegabten Schreibern gebauten Klemmkonstruktionen von ab und zu lächerlicher Verschachtelung wollen wir in über ein normales Maß nicht hinausgehende Sätze zerschlagen.“

TL; DR

Jeder weiß, dass Gespenster nur dort Angst und Schrecken verbreiten können, wo es dunkel ist. Je heller es ist, umso grässlicher müssen Fratzen und Gebärden sein, damit der Mensch Angst hat, wahlweise Ehrfurcht vor „Attributionsfehlern in perzeptuell ambigen Situationen“; Angst vor „Emergenzen von zu Illustrationszwecken appendizierten Karten“; vor „Stabilitätssuggestionen“ und „Mikrosatelliteninstabilität“ oder gar vor den „Kontingenzproblemen im Interventionsgeschehen“ ...

Wir reden hier gar nicht von Fachsprachen einzelner Berufsgruppen – die sind eine gute Sache. Wir reden vielmehr zum Beispiel von der Anmaßung der Wissenschaft, eigene „für wissenschaftliche Textsorten typische grammatische Strukturen“ besitzen zu wollen.

Weitere Figuren in diesem Kapitel: Kauderwelsch, ein starkes Präsidentenwort und noch ein Attributionsfehler ...

4 | Ein falscher Feind namens Rhetorik

600 Seiten schwafelnde Unordnung und andere Zumutungen – und ein Vorschlag zur Abhilfe

Sie kennen das alle:
Dissertationen früherer Tage hatten manchmal unter 30 Seiten Umfang, 100 Seiten galten lange als Standard. Diese glücklichen Zeiten sind vorbei. Heute gelten 400 bis sogar 1.000 Seiten in den Geisteswissenschaften als „normal". Die Fülle wird als Zeichen der Qualität gewertet, das „Niveau" steigt mit der Seitenzahl.
„Sprachkürze gibt Denkweite" wusste aber bereits Jean Paul, und Heinrich von Kleist entschuldigte sich einst bei einem Freund für einen zu lang geratenen Brief:
„Ich hatte keine Zeit, einen kurzen Brief zu schreiben."
Es ist nämlich verdammt anstrengend, eine hohe Leistung in Disziplin, und es erfordert ausgezeichnete Kenntnisse des Sachverhaltes in seinem größeren Kontext, nicht zu schwafeln, sich auf das Wesentliche zu beschränken und das dann auch angemessen darzustellen. Mit anderen Worten: Man muss viel wissen, um zu wissen, was man weglassen kann.
Heutige Dissertationen sind häufig Materialschlachten ohne Ende, besonders wenn sie schlecht betreut und/oder Auftragsarbeiten und Datensammlungen für die Werke anderer sind, seien es nun Konkordanzen in einer toten Sprache oder Fliegenbeinzählereien im Gartenteich. Und sieht man sich diese Arbeiten noch genauer an, scheint ihre Struktur wie mit dem Zufallsgenerator hergestellt zu sein.

SZENE: WAS DENN NUN?

Viele Doktoranden nehmen an einem Schreibkurs teil, bevor sie sich Klarheit darüber verschafft haben, was eigentlich genau das Thema ihrer Dissertation ist (es sei denn, sie erledigen eine Auftragsarbeit, und auch dann wissen sie es nicht unbedingt). Dem liegt – wieder einmal – unter anderem der Irrtum zugrunde, Sprache sei etwas, was dem zuvor Gedachten übergestülpt werden kann und was man sich als „skill" hier schon einmal besorgt. Sie glauben ferner, dass es „Tipps und Tricks" geben könne, die man im Bedarfsfall dann nur noch aktivieren müsse. Viele von ihnen kommen auch deshalb in einen Schreibkurs, weil es ihnen logischerweise schwerfällt, den nicht klar umrissenen Stoff in eine Struktur zu bringen.

Unendlich viele Hochschullehrer beklagen sich über derlei Ungemach, tun aber nichts dagegen, weil die Kollegen auch nichts dagegen tun. Ein Schelm, wer Böses dabei denkt.

Ähnliches gilt für Gutachten wissenschaftlicher Akademien oder sogenannter Think Tanks, für so manchen Geschäftsbericht, für Broschüren von Institutionen, Wissenschaftshäusern oder Kammern, die fast alle nach dem Muster gestrickt sind:
Es ist zwar schon alles gesagt, aber noch nicht von jedem.

Großpublikationen von Großinstitutionen werden von einer Abteilung in die nächste geschoben, wo jeder, der möchte, ein Geschmacksurteil abgeben darf „und auch noch eine Bemerkung“ anfügt.
Am Ende weiß jeder, dass das Ergebnis das reine Grauen ist. Aber niemand kommt auf die Idee, für die Reparatur der Wasserleitung einen Klempner zu bestellen. Lieber sägt man das Rohr mit der Folge einer Überflutung von eigener Hand gleich ganz durch. Lebten wir in einer vernünftigen Welt, käme niemand auf die Idee, Dinge zu tun, die er erwiesenermaßen nicht kann oder nicht allein kann, käme niemand auf die Idee, wichtige Produkte nicht von Profis herstellen zu lassen, käme auch niemand auf die Idee, „das bisschen Schreiben“ als Erholung von der „eigentlichen Arbeit“ zu betrachten oder es irgendjemandem aufzutragen, der auch Geschmack hat ... oder der einmal den betriebs-, behörden- oder universitätsinternen „Rhetorikkurs“ gemacht hat.
Rhetorikkurse haben wir für Manager – „Ihr persönlicher Karriereturbo“ – für Politiker, für Nachwuchswissenschaftler ...
Aha. Da will mir einer was verkaufen, Konkurrenten unlauter aus dem Feld schlagen oder die Mitarbeiter betrügen. Will mir Schein und Tand vorgaukeln, mich betrügen durch verderbliche Rede – bloße Rhetorik, Geschwätz, alles gelogen ...
Wie konnte es zu dieser Verwechslung kommen? Wie konnte es geschehen, dass die Karriereturbo- und Schlagfertigkeits-Schwundstufen einer großen Tradition heute für die Sache selbst genommen werden?

ETWAS GESCHICHTE

Gert Ueding begegnete uns schon mit einer einfach klingenden Wahrheit: „Der Mensch bedarf der rednerischen Verständigung, um lebensdienlich handeln zu können."

Gert Ueding, Klassische Rhetorik, Beck, München 2011

Folgen wir ihm nun nach Sizilien.

Dort lässt er seine „Klassische Rhetorik" beginnen. Wir folgen ihm weiter nach Griechenland und schließlich nach Rom. Was zitiert ist, stammt von ihm, was nicht, folgt ihm auf den Fersen.

Korax, ein Sizilianer aus Syrakus, gilt als Begründer der politischen Rede im Sinne der Beratungsrede. Ihm verdanken wir die Erfindung der dreiteiligen Gliederung der Rede – oder des Textes – in Einleitung, Erzählung und Schluss. Auch der Erfinder der juristischen Beredsamkeit war ein Sizilianer, Teisias, ein Schüler von Korax. Der Dritte im Bunde ist Georgias von Leontinoi, auch er ein Sizilianer. Er gilt als Erfinder der zweckfreien Lob- und Tadelrede und war wiederum ein Schüler von Teisias. Er war derjenige den „Platon später in dem gleichnamigen rhetorik-kritischen Dialog zu dem Modellgegner des Sokrates gemacht und damit sein historisches Bild bis zur Unkenntlichkeit verzerrt hat." Georgias beeindruckte die Athener, deren „Demokratie" mit ihren Institutionen die Redekunst geradezu erforderte, durch „seine glänzende Redefertigkeit". Die Athener waren aber schon vorbereitet durch Thrasymachos; beide, Georgias und Thrasymachos, waren Sophisten, „Angehörige jener philosophisch-rhetorischen Schule,

die durch Platons sokratische Feldzüge so nachhaltig diffamiert wurde, dass die Rehabilitierungsbemühungen der neueren Kulturgeschichtsschreibung bis heute wenig gefruchtet haben." Besonders in der Aufklärung rückt man der Rhetorik zu Leibe, da sie nicht den Forderungen der Vernunft und der Rationalität folge [wie in ebendieser Zeit die „Wilden" und die Frauen].
Bis heute meint man mit „Sophist" den Trugredner und Täuschungsspezialisten, den Meister der Manipulation und lügnerischen Propaganda. – Das ist, so Ueding, nicht nur eine Karikatur, sondern eine Verdrehung der geschichtlichen Tatsachen, die Platon uns hinterlassen hat.
„Wenn die Sophisten in der Kunst, gut zu sprechen, Höhepunkt und Ausweis menschlicher Bildung erblickten", korrigiert Ueding diese Verzerrung, „meinten sie keine bloß formale Sprachbeherrschung, sondern Sprachdenken und Sprachhandeln zugleich."

Aristoteles (384–322 v. Chr.) war ein Schüler Platons, unterrichtete in dessen Akademie, gründete aber später seine eigene Schule, da er mit seinem Lehrer in Vielem nicht eins war. Seine „Rhetorik" war ein Vorlesungsmanuskript, das er an Platons Akademie benutzte, kein ausgearbeiteter Text. Doch das, so Ueding, schmälert nicht seine Bedeutung. „Aristoteles' Rhetorik, obwohl in der Antike wenig gelesen und auch später von eher indirekter Wirkung, ist doch das erste Theorie-Werk, das sich nicht in Anweisungen zur kunstgerechten Redeproduktion erschöpft wie die Lehrbücher vor ihm, auf diesen Aspekt sogar vergleichsweise wenig Gewicht legt. Stattdessen entsteht die Rhetorik als Theorie des Meinungswissens und der wahrscheinlichen Schlüsse, der glaubhaften Argumentation und des Überzeugens durch Gefühlsgründe (Psychagogie) im Mittelpunkt seiner Überlegungen. Auch das war so neu nicht, die sophistische Rhetorik hatte auf diesem Feld schon weit vorausgedacht."

Es ist auch Aristoteles, dem wir das verdanken, was wir heute Zielgruppenorientierung nennen: Der „Zuhörer (...) [ist] die für jede Rede (...) entscheidende, Erkenntnis und Interesse leitende Instanz (...). Verhält sich der Zuhörer genießerisch, liegt eine Festrede vor, muss er über eine vergangene Handlung urteilen, tritt er als Richter auf, soll er über ein zukünftiges Geschehen entscheiden, erscheint er in beratender Funktion. Daraus folgen die drei rhetorischen Genera: die Lob-(oder Tadel)-Rede (*genos epainos*), die gerichtliche Rede (*genos dikanikon*) und die beratende, politische Rede (*genos symbouleutikon*).

Allen drei Redegattungen prinzipiell gemeinsam (...) sind die rednerischen Aufgaben: 1. das Auffinden des Stoffes, der Argumente und Beweise (*inventio*); 2. ihre sprachlich-stilistische Verarbeitung (*elocutio*); 3. die wirkungsvolle Gliederung der Gedanken und des oratorischen Textes (*dispositio*)."

Ein weiterer Konkurrent Platons war Isokrates, der erfolgreichste Redner und Redelehrer seiner Zeit, der sich und seine Kunst scharf gegen die praxisfremde Schulphilosophie abgrenzte. In Griechenland rief das die Philosophie auf den Plan, „insbesondere da diese Konkurrenz auch handfeste ökonomische Folgen hatte." Die Lehrer lebten vom Schulgeld.

In Rom kam Isokrates' Bildungskonzept schließlich zur richtigen Blüte. „Hat der Redner die Sachen nicht gründlich erfasst und erkannt, so ist sein Vortrag nur ein leeres und ich möchte sagen kindisches Gerede".

Das erklärt uns Cicero (106–43 v.Chr.), Politiker, Anwalt, Autor und berühmter Redner. Seine Hauptgegner sind die „Rhetoriktrainer", die Rhetorik als simples Handwerk lehren, ohne dabei auf einen Bildungskanon zurückzugreifen, der allein, so Cicero, jemanden erst befähigt, ein guter Redner zu sein.

Cicero steht in der Tradition der Sophisten, nennt die Rhetorik die zweifache Weisheit des Handelns und Redens „und erkennt schließlich in Sokrates den fatalen Urheber des Schismas zwischen Philosophie und Rhetorik". Ihm lastete er das „Zerwürfnis von Zunge und Verstand" an, das dem Ideal des *orator perfectus* entgegenwirkte. Der „perfekte Redner" war Redner und Philosoph in einer Person, vollzog die Vereinigung von Theorie und Praxis, Ethik und Politik, Bildung und öffentlicher Rede.

Im ersten nachchristlichen Jahrhundert kam es zu schweren Verfallserscheinungen der Rhetorik, die sich in Schaudebatten und Ulk zeigten, sogar von *corrupta eloquentia* war die Rede.

Dann trat Qinitilian auf den Plan.

Marcus Fabius Quintilianus (um 35–100 n. Chr.) war der einflussreichste und berühmteste Rhetoriklehrer Roms – und der Inhaber des ersten öffentlich besoldeten Lehrstuhls der europäischen Bildungsgeschichte.

„Die Verknüpfung des Bildungsgedankens mit der Redekunst hatte Cicero vorbereitet, doch Quintilian war es erst, der daraus eine konsequente rhetorische Pädagogik und ihre auf der *imitatio* beruhende Didaktik entwickelte.“

„Sprachrichtigkeit (*puritas*), Deutlichkeit (*perspicuitas*), Angemessenheit an Inhalt und Zweck der Rede (*aptum, decorum*), Redeschmuck (*ornatus*) und Vermeidung alles Überflüssigen (*brevitas*) sind die obersten Stilqualitäten.“

Über „Rhetorik, Wissenschaft und Wissensvermittlung“ lesen Sie auf **schwafelkiller.com**

„Denn auch, wenn alle Glieder gegossen sind, kann daraus erst ein Standbild durch die sachgerechte Errichtung werden, und wenn man an unseren oder anderer Lebewesen Körpern einen Körperteil vertauscht und verlagert, so würde daraus, mag sie auch die gleichen Körperteile haben, dennoch eine unheilkündende Missgestalt. Auch die Gliedmaßen verlieren, wenn sie nur leicht aus ihrer Lage gebracht werden, ihre Gebrauchsfähigkeit."
(*Quintilian, Ausbildung des Redners*)

Grundlegende Dinge haben wir schon gesehen, hier seien sie noch einmal kurz zusammengefasst:

ES GIBT DREI RHETORISCHE *GENERA*:
Die Gerichtsrede
Die Lob- (oder Tadel)-Rede
Die beratende, politische Rede

FÜR ALLE – UND AUCH ANDERE ARTEN VON REDEN ODER TEXTEN – GILT:

1. Auffinden des Stoffes, der Argumente und Beweise – *inventio*
2. ihre sprachlich-stilistische Verarbeitung – *elucutio*
3. die wirkungsvolle Gliederung der Gedanken und des oratorischen Textes – *dispositio*

DIE DISPOSITION HAT FOLGENDE GLIEDERUNG:

1) Einleitung
2) Mittelteil – Erzählung bzw. Darlegung des Sachverhalts, Argumentation
3) Schluss

Der Mittelteil ist in sich gegliedert – je nach Zweck mehr oder weniger kompliziert.

Alles, was hier und auf schwafelkiller.com folgt, wird bei Ihnen die Frage auslösen: Warum war es vorher eigentlich so schwer?

Zu Beginn:

- Finden und Anordnen der Gedanken gehen ineinander über.

Das Finden wird schon von den Wirkungsabsichten geleitet, die Bestandteil einer bereits vorgegebenen Ordnung sind.

DIE DISPOSITION

1) Die Einleitung soll auf das Thema einstimmen oder den Leser für die eigenen Absichten gewinnen. Sie bedient sich affektisch wirkungsvoller Gedanken.
2) In der *narratio* (Erzählung) dominieren die sachlichen Argumente.
3) In der *argumentatio* (Beweisführung) ebenfalls. Die Beweise erhalten ihre Kraft aus der vernünftigen Abfolge. Diese wird gewährleistet durch die richtige Disposition.
4) Der Schluss ist die letzte und nachhaltigste Gelegenheit, die eigene Ansicht wirkungskräftig durchzusetzen. Auch er bedient sich affektisch wirkungsvoller Gedanken.

WEITERE DISPOSITIONSMÖGLICHKEITEN

a) Die zweigliedrige, antithetische Disposition

Die Anordnung ergibt sich aus dem Gegenstand, die beiden antithetisch einander gegenüberliegenden Teile sind nach Umfang und Gewicht etwa gleich.
Die polare Auseinandersetzung gewährleistet Klarheit und Übersichtlichkeit.
Diese Anordnung ist durch die Spannung der Gegensätze wirksam.
Schema: A – B, A – B, A – B.
Geeignet für kürzere Formen, da sonst Spannungsabfall und Ermüdung drohen.

b) Die dreigliedrige Disposition

Der Stoff wird in drei Teile geteilt (Einleitung, Mitte, Schluss). Die Fülle der Gedanken wird im Mittelteil demonstriert. Der Mittelteil kann seinerseits auch aufgeteilt werden.
Schema: A + B1 + B2 + B3 + C

c) Die viergliedrige Disposition

Der Mittelteil der dreigliedrigen Ordnung wird durch zwei polar angeordnete Gedanken geteilt.
Schema: A – B <–> B – C

d) Die fünfgliedrige Disposition

Der Mittelteil der dreigliedrigen Ordnung wird seinerseits dreigeteilt. Bei der dreifachen Teilung des Mittelteils ergibt sich von selbst seine Be-

handlung als selbständiges Ganzes, das wiederum verschieden gegliedert sein kann. Die Fünfgliedrigkeit liegt zum Beispiel auch der Disposition des klassischen Dramas und der Oper in fünf Akten zu Grunde.
Schema: A – B – B – B – A

e) Die mehrgliedrige Disposition
Diese Dispostion strebt Vollständigkeit an, darf aber keine bloße Aufzählung oder Aneinanderreihung sein. Vielmehr muss sie auf ein Ziel, einen Höhepunkt bezogen werden. Überfüllung führt zur Ermüdung, Überflüssiges und Beiläufiges werden nicht berücksichtigt. Die Ausführlichkeit richtet sich nach der gewählten Gattung.
Je länger und komplexer der Text sein soll, umso ausführlicher wird man Argumentekatalog und Disposition anlegen – die sich natürlich während des Schreibens durchaus verändern können!

Die Ordnung der Dinge (Langfassung)
Hier können Sie sich eine ausführliche schematische Darstellung der möglichen Gliederung eines längeren bis langen Sachtextes ansehen (zum Beispiel einer Dissertation):
schwafelkiller.com

TL; DR

Sie kennen das:
Dissertatioen früherer Tage hatten manchmal unter 30 Seiten Umfang, 100 Seiten galten lange als Standard. Diese glücklichen Zeiten sind vorbei. Heute gelten 400 bis sogar 1000 Seiten in den Geisteswissenschaften als „normal". Die Fülle wird als Zeichen der Qualität gewertet, das „Niveau" steigt mit der Seitenzahl.
„Sprachkürze gibt Denkweite" wusste aber bereits Jean Paul, und Heinrich von Kleist entschuldigte sich einst bei einem Freund für einen zu lang geratenen Brief: „Ich hatte keine Zeit, einen kurzen Brief zu schreiben."
Dieses Kapitel macht sie mit einigen Grundzügen der Klassischen Rhetorik vertraut und zeigt, wie Sie Ihnen helfen kann, die schwafelnde Unordnung zu vermeiden.

Weitere Figuren: Klassische Rhetorik und Schlagfertigkeits-Schwundstufen, drei Sizilianer, ein paar Philosophen, Dispositionen – und noch einmal Quintilian ...

5 | Glauben Sie, im Web wäre es anders?

Eine Zurechtweisung

Haben Sie sich schon einmal die Websites verschiedener Institute oder Forschungseinrichtungen angesehen? Die Schrift läuft so breit, wie Ihr Bildschirm es zulässt, der Satz ist einzeilig, Bilder verdrängen den Text so, dass Sie nicht nur senkrecht, sondern auch waagerecht scrollen müssen. Was machen Sie da?

Sie hauen ab. (Es sei denn, Sie sind aus irgendeinem traurigen Grund dazu verpflichtet oder davon abhängig, das Augenpulver zu lesen.)

Auch wenn im blinkenden Overkill der Schein trügt: Kern der meisten Websites ist Text. Das ist natürlich gut. Aber es birgt auch eine ganz spezielle Herausforderung: Die Probleme der Textproduktion verschwinden nicht einfach, weil wir uns plötzlich in einem anderen Medium bewegen.

Nicht allzu wenige Leute betrachten den Übergang ins Web wie eine Reise in die Tropen. Alles easy, keine Regeln, herrliche Anarchie, Platz ohne Ende, bye bye Grammatik, weg mit dem Mist, endlich keine Rechtschreibregeln mehr und was dergleichen Versuchungen mehr sind ... hier kann jeder machen, was er willl – kann er.

Die Frage ist nur: Wollen Sie Selbstgespräche führen, wollen Sie etwas mitteilen oder wollen Sie mit jemandem reden? Wenn Sie etwas mitteilen wollen:

WEM wollen Sie es mitteilen?

Und WAS soll daraus folgen?

Wenn Sie am liebsten Selbstgespräche führen, fragen wir uns, warum Sie das Buch bis hierhin gelesen haben. Bevor Sie sich nun an Ihre Postings setzen oder die instituts-, wahlweise abteilungsinterne „Redaktionssitzung" für den selbst gemachten Newsletter oder die selbst gemachte Website einberufen, sollten Sie sich mit einigen Kleinigkeiten vertraut machen.

LESEN IM WEB IST ANDERS

- Am Bildschirm liest man 25 Prozent langsamer als in einem Printtext.
- Man liest in ungewohnter Haltung. Halten Sie einmal eine Zeitlang ein Buch in Kopfhöhe eine Armlänge entfernt vor Ihre Augen (noch nicht jeder Erdbewohner besitzt ein iPad ...)
- Websites werden von 70–80 Prozent der User nicht gelesen, sondern eilig überflogen – gescannt. Der Text wird angelesen, Vieles wird einfach weggelassen – besonders wenn Leser gezielt nach bestimmten Informationen suchen.
- Nur hervorstehende Infos wie Überschriften, Fettgedrucktes, Listen und Fotos werden beachtet.
- 50 Prozent der angebotenen Information werden nicht wahrgenommen.
- Die Anzahl der Blickbewegungen ist im Vergleich zum traditionellen Lesen um 60 Prozent reduziert.
- Beachtet wird nur, was Aufmerksamkeit weckt.

Profi-Web-(Nachrichten)leser lesen zuerst die Überschrift. Zwei Drittel lesen dann erst den Text und schauen anschließend auf die Bilder. Textpassagen werden zu 80 Prozent fixiert, Bilder zu 20 Prozent (außer „lauten" Fotos und Bannerwerbung). Sie konsumieren unterschiedliche Inhalte in kurzer Zeit und öffnen mehrere Fenster, um Querverweisen zu folgen.

SIE WOLLEN DOCH LIEBER SELBSTGESPRÄCHE FÜHREN – SO GEHT'S:

- Sie lieben lange lange Sätze und lange lange Wörter.
- Sie schwafeln noch länger als auf Papier, weil Sie ja so schön viel Platz haben.
- Sie lassen Ihre Leser endlose Striemen herunterscrollen.
- Sie nutzen die ganze Breite jedes nur erdenklichen Bildschirms.
- Sie freuen sich so über die Möglichkeiten von Hypertext, dass Sie die Dokumente auf Ihrer Website so verlinken, dass Sie zum undurchdringlichen Dickicht werden.
- Sie lassen es an allen Ecken und Enden blinken und bieten putzige Animationen an. (Der derzeitige Overkill führt längst dazu, dass der „PR-Return" ins Negative kippt.)
- Sie machen auch hier wieder Dinge, von denen Sie nichts verstehen.
- Und das Ganze dann noch in ungeprüftem Englisch ...

Auf dem Schwafelkiller haben wir für Sie einige Kleinigkeiten zusammengestellt, die Ihnen helfen können, einen Newsletter oder eine einfache Website aufzusetzen. schwafelkiller.com

TL; DR

Haben Sie sich schon einmal die Websites verschiedener Institute oder Forschungseinrichtungen angesehen? Die Schrift läuft so breit, wie Ihr Bildschirm es zulässt, der Satz ist einzeilig, Bilder verdrängen den Text so, dass Sie nicht nur senkrecht, sondern auch waagerecht scrollen müssen. Was machen Sie da? – Sie hauen ab. (Es sei denn, Sie sind aus irgendeinem traurigen Grund dazu verpflichtet oder davon abhängig, das Augenpulver zu lesen.)
Hier möchten wir Sie gern darauf hinweisen, dass der Schritt ins Web keine kindliche Reise in die Tropen ist, wo man glaubt, alles tun zu dürfen und wo man denkt, endlich mal keine Regeln beachten zu müssen.

Weitere Figuren dieses Kapitels: Teaser, Chunk, Archiv und ein paar Tipps, wie Sie Ihre Leser garantiert loswerden ...

6 | Im Web ist alles anders – die duzen mich einfach!

Kommunizieren in sozialen Netzwerken und warum man sich hier blicken lassen sollte (bevor es andere für Sie tun ...)

Ja ja, wir wissen es ja: Sie haben es nicht leicht. Sie stehen den ganzen Tag im Labor, sitzen den ganzen Tag über dicken Folianten, die Studenten nerven auch ohne Ende. Alle zerren an Ihnen herum. Sie sollen ein überragender Forscher sein und das Land voranbringen, Sie sollen ein toller Lehrer sein und Ihre Studenten begeistern. Sie sollen eloquent mit Journalisten parlieren, Hausarbeiten korrigieren, wissen, was der Kollege so treibt, auf internationale Kongresse fahren, Ihren Absolventen tolle Jobs vermitteln und jetzt auch noch das: Sie sollen ein Internet-Freak werden. Soziale Netzwerke – du lieber Himmel ...

Ja, das klingt erst einmal ziemlich hart, aber wir meinen das ernst. Denn Sie werden sich nicht darum drücken können. Und die Frage lautet nicht, ob Sie ein Web-Wissenschaftler werden, sondern nur: wann? Vergessen Sie alle Ausflüchte! Auch glaubwürdige Hinweise auf Ihre hohe Belastung in anderen Lebensbereichen sind uns völlig schnuppe. Denn die These ist – wie alle Thesen dieses Buches – eindeutig und unmissverständlich: Sie werden nur dann ein erfolgreicher Wissenschaftler sein, wenn Sie sich dem Web gegenüber öffnen. Ohne online vernetzt zu sein, können Sie vielleicht ein guter Wissenschaftler sein, aber kaum jemand wird je davon erfahren – und irgendwann versiegen die Quellen. Lassen Sie lieber einmal die eine oder andere

Tagung sausen und probieren Sie neue Wege der Kommunikation aus.
Aber machen Sie sich keine Illusionen: Das Schreiben für das eigene Blog und der Aufbau von Reputation in sozialen Netzwerken erfordern eine Menge Zeit und Aufmerksamkeit. Das macht man nicht so nebenbei. Und es hat – Sie haben es erraten – natürlich mit Sprache zu tun. Und mit Freude am Schreiben. Denn im Web werden Sie nur dann Aufmerksamkeit erhalten, wenn es Ihnen gelingt, halbwegs klare Gedanken in Worte zu fassen. Die Welt ist voll von Schwaflern aller Couleur, doch im Web haben die zum Glück kaum eine Chance. Auch Sie werden im Web kläglich scheitern, wenn es Ihnen nicht gelingt, drei Dinge zu verinnerlichen:

- Im Web bin ich einer von Vielen. Ich muss mir meine Reputation erst erarbeiten.
- Im Web ist die Macht vom Anbieter auf den Nachfrager übergegangen.
- Ich werde die Nachfrager nur erreichen, wenn ich mich entsprechend verhalte.

WARUM SOLL ICH DAS ALLES ÜBERHAUPT TUN?

Eines der am häufigsten vorgebrachten Argumente gegen das Engagement in sozialen Netzwerken lautet: Alle diejenigen, die es nötig haben, sich dort zu präsentieren und zu produzieren, leiden mindestens an einer

Profilneurose, haben ein Defizit an Aufmerksamkeit, wollen immer im Mittelpunkt stehen. – Zweifellos, solche Leute gibt es. Aber die gibt es nicht nur im Web. Den Hintergrund für dieses Vorurteil finden wir in jenem über Jahrzehnte transportierten Wissenschaftler-Bild, das wir alle kennen: nämlich das des genialen Forschers, der in Einsamkeit und Freiheit am ganz großen Durchbruch arbeitet, ihn natürlich auch schafft und am Ende als Held dasteht.

Nun befinden wir uns aber eindeutig bereits im postheroischen Zeitalter. Und der Wissenschaftler als einsamer Cowboy, der durch die Wissenschafts-Prärie reitet, ist mindestens genauso von gestern wie Lucky Luke. Die hochindustrialisierten Gesellschaften haben in den vergangenen 20 Jahren wie besessen am Aufbau von Netzen gearbeitet. Bereits wenige Jahrzehnte nach den ersten zarten Anfängen ist das WWW zum weltweit zentralen *backbone* unserer Kommunikation geworden. Die Netze haben unser Leben, unser Denken, unsere Zusammenarbeit so grundlegend verändert, dass es schon großer Weltvergessenheit bedarf, davon zu sprechen, dass ein eitler Fatzke sei, wer sich darin tummele. Um so erstaunlicher ist es, dass es offensichtlich nicht wenige Wissenschaftler gibt, die sich immer noch wie Lucky Luke fühlen, und die mit dieser Haltung tatsächlich noch immer unbehelligt durchs (Uni-)Leben kommen. Mehr noch: Die wissenschaftlichen Lucky-Luke-Gesellschaften sind Legion. Man beglückwünscht sich gegenseitig zur Standhaftigkeit gegenüber all den neuen Medien (die nun so neu auch nicht mehr sind).

Es gehört schon eine Menge Hartleibigkeit dazu, trotzig mit dem Fuß aufzustampfen und zu glauben, man könne die veränderten Formen der Kommunikation einfach ausblenden. Dass so viele noch mit ihrer Abstinenz kokettieren und dafür auch noch Applaus erhalten, wirft ein bezeichnendes Licht auf unsere Hochschulen und Wissenschaftseinrichtungen.
Warum also das Ganze? Die Antwort ist ganz einfach. Weil Sie keine andere Wahl haben. Gut, Sie könnten versuchen, so weiterzumachen wie bisher. Schreiben Sie ruhig weiter Ihre Fachartikel für die Spezialorgane Ihres Fachs. Aber machen Sie sich keine Illusionen: Solche Publikationen haben selten mehr Leser als Autoren. Wollen Sie immer so weitermachen? Schließlich hat schon niemand Ihre Doktorarbeit gelesen. Außer Ihrem Doktorvater – aber vielleicht nicht einmal der.
Natürlich wollen Sie das nicht. Aber worauf warten Sie dann? Werden sie Blogger, werden Sie Twitterer, tummeln Sie sich bei Facebook und Google+, knüpfen Sie neue Kontakte bei LinkedIn oder bei Xing. Fangen Sie an, das Web für sich zu erobern, bookmarken Sie, verlinken Sie, retweeten Sie, werden Sie Teil des großen Datenstroms. Sie werden davon profitieren, und es wird Ihnen großen Spaß machen.
Das wird allerdings kein Spaziergang. Sie müssen schon ein bisschen auf Zack sein. Erfolgreiches Publizieren im Internet braucht Ausdauer, Geschick und Können. Das müssen Sie trainieren. Sie sollten sich daran gewöhnen, auf verschiedenen Kanälen gleichzeitig aktiv zu sein. Multitasking ist gefragt, und Sie werden öfter mal abgelenkt: Wenn Sie gut vernetzt sind, bim-

melt es ständig irgendwo, Sie befinden sich immer irgendwo in einer Diskussion, wichtige und weniger wichtige News poppen auf, es blinkt, piept, poppt die ganze Zeit.

Das wollen Sie nicht? Finden das alles ganz schrecklich? Tja, geht aber nicht anders. So ist unsere Welt zurzeit nun mal gestrickt. Ob wir uns alle damit einen Gefallen tun, dass wir im Hamsterrädchen immer schneller laufen, ist ein andere, sehr berechtigte Frage. Aber die können wir nicht hier erörtern. Lassen Sie sich bitte von niemandem erzählen, man könne das alles durch ein paar Tricks in den Griff kriegen. *Simplify your life* ist Scharlatanerie, und der Hinweis, alles mal ein bisschen ruhiger anzugehen, ist ziemlich blauäugig. Die Wahrheit ist doch: Wer auf dem Schiff mitfahren will, muss rudern. Und Sie wollen doch mitfahren?

DEMOKRATIE UND ANDERE ZUMUTUNGEN

Gut, dass wir das geklärt haben. Da Sie immer noch lesen, gehen wir davon aus, dass Sie tatsächlich bereit zum Rudern sind. Als Social-Media-Greenhorn sollten Sie sich von Anfang an auf ein paar Zumutungen gefasst machen. Dass Sie die tolle Forscherin X vom weltweit führenden XY-Institut sind, interessiert in sozialen Netzwerken zunächst einmal niemanden. Man wird Sie duzen. Das Einzige, was wirklich zählt, ist, was Sie zu sagen haben und wie Sie es sagen. Die Währung im Internet ist Aufmerksamkeit. Die kann man sich nicht kaufen, die muss man sich erarbeiten. Selbst die Kommunikation großer Unternehmen scheitert, weil sie immer noch mit ihrer alten Währung zahlen möchten:

Größe, Marktmacht, Werbedruck. Die Aufmerksamkeit der Web-Bewohner zu bekommen, ist der größte Erfolg, den man im sozialen Web erzielen kann. Das bedeutet aber auch eine deutliche Machtverschiebung, worauf der Bremer Organisationspsychologe Peter Kruse hingewiesen hat: Die Macht geht vom Anbieter auf den Nachfrager über. Alles, was man im Web tut, ist ein Angebot an Andere. Man hat keine Kontrolle darüber, was damit geschieht. Wenn es gut und interessant ist, anderen weiterhilft, sie erfreut oder erbost, wird es nachgefragt.

Daraus folgt zweierlei: Zum einen müssen Sie lernen, die Dinge, die Sie im Internet publizieren wollen, so gut, so klar, so zielgenau zu schreiben, dass es eine Nachfrage erzeugt. Sie müssen sich also immer vor Augen halten, für wen Sie das schreiben und wie die Interessenlage bei Ihrem Leser ist. Zum anderen – das wird Sie vielleicht grämen – sind Sie im Internet weniger ein Wissenschaftler alter Schule, sondern vielmehr ein Unternehmer in eigener Sache. Sie sind bis zu einem gewissen Maße gefordert, sich selbst zu vermarkten. Ihr „unternehmerisches Ich" ist in sozialen Netzwerken deutlich stärker gefragt als in den geschützten Mauern Ihres Instituts. Ja, ein bisschen Eitelkeit spielt auch immer mit – da haben die Kritiker schon Recht. Aber mal ehrlich: Ist das im realen Leben anders?

Zurück zu den Haltungsfragen. Wie man in diesem Buch schon an anderen Stellen nachlesen konnte, ist eine der Grundvoraussetzungen für gutes Schreiben die entsprechende Haltung. Das ist im Web nicht anders. Wenn Sie dort noch nicht viele Erfahrungen sammeln konnten (Was haben Sie eigentlich in den letzten zehn Jahren gemacht?), sollten Sie zunächst einmal nur eines tun: zuhören. Sie müssen ein Gefühl dafür bekommen, wie in sozialen Netzwerken kommuniziert wird, Sie müssen überhaupt erst einmal herausbekommen, was das Thema ist.

GESPRÄCH ODER SELBSTGESPRÄCH?

Stellen Sie sich vor, Sie seien auf einer Party. Sie kennen leider nur den Gastgeber, aber der ist in dieser Funktion natürlich schwer belagert und kann sich kaum um Sie kümmern. Das erste Bier oder der erste Wein macht sich schon wohlig in Ihren Adern bemerkbar. Sie schlendern ein wenig durch die Räume, wo die Grüppchen zusammenstehen und sich unterhalten. Um an einem Gespräch teilnehmen zu können, hören Sie ein wenig zu und tragen vielleicht selbst etwas zur Unterhaltung bei. Müssen Sie aber nicht, ein freundliches Lächeln tut es ja auch.

Ganz ähnlich ist die Situation in sozialen Netzwerken. Auch dort müssen Sie erst einmal zuhören, bevor Sie selbst etwas beitragen. Denn schließlich wollen Sie ja ein Gespräch führen und kein Selbstgespräch. Dies ist ein Fehler, den Viele machen, insbesondere Institutionen oder Unternehmen: Sie kommen auf die Party gerannt, kennen dort niemanden, schreien ein paar wilde Sätze in die Runde und rennen sofort wieder weg. Twitter, Facebook und andere Kanäle sind nicht lediglich weitere Kanäle, um beliebige Botschaften in die Welt zu trompeten. Hier bekommt Kommunikation eine ganz andere Qualität, weil man ein Gespräch auf Augenhöhe beginnen kann. Weil es Rede und Widerrede gibt. Weil es Kritik oder Lob gibt.

GUT SCHREIBEN – JETZT ERST RECHT

Was bedeutet dies nun alles für das Thema dieses Buches, das Schreiben? Es bedeutet, dass Sie alle Regeln für das gute, das verständliche Schreiben im Web erst recht beherzigen müssen. Denn Sie treffen auf ein hellwaches Publikum. Glauben Sie nicht, sie könnten dort wieder in schlechte alte Gewohnheiten zurückfallen. Im Gegenteil: Während Sie bisher vielleicht manchmal daran verzweifelt sind, dass Ihre Ideen, Ihre Erkenntnisse so wenig Widerhall finden, so haben Sie jetzt ein potenziell weltweites Publikum, das Ihnen vielleicht auch einmal einige (kritische) Fragen stellt. Sie kommunizieren auf unmittelbare Weise mit anderen Individuen, nicht mit einer „Zielgruppe“ oder ominösen *communities*.

Zumeist hebt an dieser Stelle jemand den Finger – meist ist es jemand aus der Wissenschaftskommunikation – und stellt eine kritische Frage zur Reichweite all dieser Aktivitäten in sozialen Netzwerken. Ob es nicht zu aufwändig sei, sich in Face-to-face-Kommunikation aufzureiben. Ob man nicht besser seine Energien in gute Magazinartikel stecken solle. Da erreiche man doch mit einem Schlage viel mehr Menschen. – Und schon sind wir wieder bei der Haltung. Wer immer glaubt, dass das direkte Gespräch mit einer Person zu viel Arbeit macht, der hat wohl insgesamt seinen Job

Literaturwissenschaftler! Wieviele literarische Blogs hast Du eigentlich in Deinem Feedreader? Du weißt nicht, was das ist? Shame on you! Du findest Blogs nicht literarisch? Wo ist Dein Aufsatz: „Blogs als nicht-literarische Form“? Das fällt nicht in Dein Aufgabengebiet? Warum? Weil es im Internet steht? Michael Seemann, Blogger

verfehlt. Was kann es Besseres geben, als ein solches unmittelbares Gespräch auf Augenhöhe? Wer immer nur auf die Masse schielt, dem geht es nicht um wirkliche Kommunikation. Dem geht es nicht um die Meinung der Anderen, sondern immer nur um die eigene. Der will auch nichts dazulernen, sondern lediglich andere belehren oder beeinflussen.

ABER DAS SIND DOCH ALLES DATENKRAKEN

Richtig. Man sollte den Googles, Facebooks und Apples nicht über den Weg trauen. Die schöne neue Welt des Mobile Computing, der Location Based Services, der Apps und des Cloud Computing wurde nicht nur erfunden, damit wir alle glücklich sind. Das Interesse, das diese Firmen an unseren Daten haben, ist unübersehbar. Zweifellos: Es sind gefräßige Datenkraken.

Aber als Wissenschaftler sollte es Ihnen doch spielend gelingen, die Privacy-Optionen bei Facebook richtig einzustellen. Sie leben doch sonst auch in dieser Welt und informieren sich über alle möglichen Gefahren des Alltags. Warum also nicht auch in Bezug auf die Datenkraken? Es kann schließlich nicht angehen, dass wir aus lauter Angst vor Datenmissbrauch keinen dieser zweifellos nützlichen Dienste nutzen. Schließlich fahren Sie ja auch Auto, obwohl Sie wissen, dass es gefährlich ist.

Wir hatten ja schon darüber gesprochen. Sie lassen jetzt einmal die eine oder andere Tagung sausen und nutzen die Zeit, sich intensiv mit sozialen Netzwerken zu beschäftigen. Und während sich Ihre Kollegen bei schlechten Vorträgen langweilen, entwickeln Sie sich zum Social-Media-Guru.

Über das Twittern selbst finden Sie tiefere Informationen im entsprechenden Kapitel auf Seite 90 ff. Dort werden Sie ein Gefühl dafür bekommen, dass diese 140-Zeichen-Welt ein ganz eigenes Universum ist. Aber bevor Sie dort richtig loslegen können, gibt es ein paar Hürden, die wir hier gemeinsam nehmen werden.

Zunächst einmal ist da der Anmeldeprozess. Sie werden nach einem Benutzernamen gefragt, und das ist dann gar nicht so trivial. Wenn Sie sich aus einer Laune heraus „Schmunzelhase" nennen, dann werden Sie auf Twitter immer @Schmunzelhase sein. Sie sollten sich also gut überlegen, ob Sie das wollen. Sie können es zwar später noch ändern, aber Vorsicht: Wenn viele Twitterer – oder in der Community-Sprache: „Follower" – Sie als @Schmunzelhase kennen und schätzen, wird es schwierig, plötzlich als @Terminator_3000 in Erscheinung zu treten. Gegen ein Pseudonym ist nichts einzuwenden, aber vielleicht finden Sie ja etwas Witziges, was mit Ihrer Arbeit, Ihren Interessen oder Ihrem

Namen zu tun hat. Das Twittern unter dem Klarnamen ist ebenfalls weit verbreitet, allerdings wegen der Zeichenbegrenzung auf Twitter nicht für lange Namen geeignet. Am besten, Sie gehen jetzt mal ein Törtchen essen und denken dabei über einen geeigneten Namen für Ihre neue Existenz nach.

NOMEN EST OMEN

Schauen Sie sich nun die weitere Anmeldeprozedur bei Twitter an und entscheiden Sie, welche Einstellungen Ihnen am besten passen. Die Frage, ob Sie Ihre Tweets schützen lassen sollen, ist relativ wichtig. Entscheiden Sie sich für den Schutz, können nur diejenigen Ihre Tweets – also Ihre 140-Zeichen-Meldungen – lesen, die Sie dazu autorisieren. Das kann in manchen Fällen sehr nützlich sein. Zum Beispiel dann, wenn bestimmte Personen von Ihren Äußerungen ausgeschlossen werden sollen. Einiges spricht aber dagegen: zum Beispiel, dass Sie ohnehin nichts ins Internet schreiben sollten, was nicht für die Öffentlichkeit bestimmt ist. Denn die Datenschützerweisheit „Das Internet vergisst nichts“ ist leider allzu wahr. Zum anderen beschränken Sie auch unnötig Ihren Wirkungskreis: Sie sind ja explizit auf Twitter, damit man Ihre Tweets liest, damit man Sie findet, damit Sie bekannt werden.
Ähnlich verhält es sich bei der Frage, ob Sie – neben Ihrem Benutzernamen – ihren richtigen Namen auf Twit-

ter preisgeben. Wenn Sie von Bekannten, Arbeitskollegen oder Ihren Forscherkollegen in aller Welt gefunden werden wollen, sollten Sie das tun. Wenn Sie – aus welchen Gründen auch immer – Probleme damit haben, so können Sie natürlich ein Pseudonym benutzen. Aber für den Aufbau Ihrer Online-Reputation ist das nicht unbedingt hilfreich. Wer sich einen Namen machen will, sollte vorzugsweise seinen Eigennamen benutzen.

Die letzte Übung in diesem Block betrifft Ihre Biografie. Das ist der Ort, an dem man vieles falsch machen kann. Denn wer immer Ihren Tweets folgen will, wird sich vorher darüber informieren wollen, wer Sie eigentlich sind. Sie müssen also hier – begrenzt auf 160 Zeichen – eine sehr komprimierte Eigendarstellung betreiben.

SCHAUEN WIR MAL, WAS ANDERE SO MACHEN:

Stratege in der IT-Industrie. Lebt den europäischen Gedanken und ist überzeugter Verfechter süßer Duplomatie.

Hmm, IT, Europa, Duplo? So richtig zünden diese Zeilen nicht.

Positiv denkender Mensch, immer darauf aus, Neues zu lernen.

Das ist ja richtig schön. Ein positiv denkender Mensch. Würden Sie ihm wegen dieser Beschreibung folgen?

Denn nichts ist schwerer und nichts erfordert mehr Charakter, als sich in offenem Gegensatz zu seiner Zeit zu befinden und laut zu sagen: Nein. – Kurt Tucholsky

Nein, sich hinter einem Zitat eines Dichters zu verstecken, geht nun wirklich nicht. Twitter ist kein Poesie-Album, auch wenn manche Leute nicht müde werden, genau das zu behaupten.

Online-Redakteurin – Themen: Web 2.0, Online-Journalismus, Medien, Hochschule, Hamburg.

Na also, es geht doch. Hier ist man direkt im Bilde. Auch der Hinweis auf den Ort kann eine hilfreiche Information sein. Allerdings ein bisschen arg dröge.

Ich mach was mit Medien, Satelliten und Astronauten. Freies Elektron im Spreeblick-Universum. Frankfurt am Main. It's Rocket Science, Baby!

Eine schöne Variante. Neben der thematischen Einordnung wird ein bisschen mit Sprache gespielt. Wer sich so präsentiert, gibt sich sicher auch bei seinen Tweets Mühe.

Glücklich leben, Selbsterfahrung, Urbilder, Ausbildung, Märchen erzählen, Märchen, Märchentherapie, Feste feiern, Kunstschule, Bergwandern, erfülltes Leben.

Ein schöner esoterischer Mischmasch. Da weiß man doch gleich, dass man nicht folgen will. Zum Glück gibt es immer wieder Leute, die ihre Biografie so schlecht schreiben, dass man direkt Bescheid weiß. Dann doch besser so:

German biologist, IT-Guy, Lover of books, booze & b-movies. Plus something like a blogger! Tweets in a couple of different languages.

Probieren Sie es selbst einmal aus. Für potenzielle Follower ist es wichtig zu wissen, zu welchen Themen Sie twittern, was Sie beruflich so tun, wo Sie leben, was Sie begeistert, was für ein Typ Sie sind. Das können Sie auf eine schlichte Weise wie in einem Telegramm machen. Spannender wäre es allerdings, wenn Sie dem Ganzen noch einen witzigen Dreh geben, wenn Sie ein bisschen mit Sprache spielen und sich selbst vielleicht nicht ganz so bierernst nehmen.

So macht es zum Beispiel der berühmte Twitterer @Fensterrentner:

Auffe Zeche malocht, Wilma gemählt, Kinners un Enkels. Nu Rente, Schrebbergarten, Taubn, mitten Ärwin umme Häuser ziehn, Wilma hobeln un annet Fensta hockn ...

WIR SUCHEN, FINDEN, SAMMELN UND VERTEILEN

Die ersten Schritte auf Twitter haben Sie also gemacht. Aber das kann ja nur ein Anfang sein. Die Welt der sozialen Medien ist groß und wird täglich größer. Es gibt mittlerweile eine unüberschaubare Vielfalt an Diensten und Tools. Aber Sie sollten dennoch die wichtigsten kennen, um entscheiden zu können, welche für Ihr Ziel, ein respektables Online-Leben aufzubauen, nützlich sein können. Vielleicht schwänzen Sie dieses Mal die Fachbereichskonferenz, damit Sie etwas Zeit haben, ein bisschen durchs Web zu surfen.

Auf schwafelkiller.com finden Sie Hinweise zu ausgewählten Diensten und hilfreichen Tools mit einigen knappen Erklärungen.

TL; DR

Ja, wir wissen es: Sie haben es nicht leicht. Sie stehen den ganzen Tag im Labor, sitzen den ganzen Tag über dicken Folianten, die Studenten nerven auch ohne Ende. Alle zerren an Ihnen herum. Sie sollen ein überragender Forscher sein und das Land voranbringen, Sie sollen ein toller Lehrer sein und Ihre Studenten begeistern. Sie sollen eloquent mit Journalisten parlieren, Hausarbeiten korrigieren, wissen, was der Kollege so treibt, auf internationale Kongresse fahren, Ihren Absolventen tolle Jobs vermitteln und jetzt auch noch das: Sie sollen ein Internet-Freak werden. Soziale Netzwerke – du lieber Himmel ...
In diesem Kapitel erfahren Sie, warum Sie sich nicht zieren sollten, im Web aufzutreten.

Weitere Figuren: Lucky Luke, Einsamkeit und Freiheit, demokratische Zumutungen, Datenkraken und ein Fensterrentner.

7 | Eine Welt in 140 Zeichen

Twitter, ein Resonanzraum der besonderen Art

Hugo Chávez tut es. Cristina Fernández de Kirchner tut es. Dilma Rouseff tut es auch. Felipe Calderón ist dabei. Sebastián Piñera gehört auch zum Club. Von wenigen Ausnahmen abgesehen sind fast alle lateinamerikanischen Regierungsschefs beherzte Twitterer. Sie berichten von ihren Regierungsgeschäften, von Erlebnissen auf Reisen und beglückwünschen sich gegenseitig zu Wahlerfolgen. Dem Twitteraccount des venezolanischen Präsidenten Chávez (@*chavezcandanga*) – ohnehin ein gewiefter Medienmensch mit einer eigenen mehrstündigen TV-Show – folgen fast zwei Millionen Twitterer. Damit ist er unter den lateinamerikanischen Politikern der absolute Star. Chávez' Tweets, weiß die Süddeutsche Zeitung, „sind zur mobilen Pflichtlektüre der Jugend Lateinamerikas geworden". Twitter hat der politischen Kommunikation Mittel- und Südamerikas eine neue Dimension verliehen.

Angela Merkel twittert nicht. Aber sie lässt twittern. Nämlich ihren Regierungssprecher Steffen Seibert (@*RegSprecher*). Als diese Tatsache im Frühjahr 2011 bekannt wurde, gab es ein mittleres Erdbeben unter den politischen Berichterstattern der Hauptstadt. Bei einem regelrechten Twitter-Eklat musste sich der stellvertretende Regierungssprecher Christoph Steegmans in der Bundespressekonferenz einer hochnotpeinlichen Befragung stellen. Denn die Polit-Journalisten Berlins witterten Verrat: Durch die Twitterei des Herrn Seibert fühlten sie sich hintergangen. Sie, die stets als erste über Neues aus der Regierung erfahren, sollten sich nun auch mit neumodischem Zeug wie Twitter herumschlagen, um an Informationen zu kommen? Und wie sei es – um Himmels willen – um die Exklusivität und Sicherheit der Informationen beschaffen, wenn sich der Herr Regierungssprecher per Twitter quasi an alle Welt wende? Steegmans hielt sich wacker, mit bewundernswerter Ruhe und einer leichten Prise Ironie: Twitter sei nun einmal ein neuer Kommunikations-Kanal und man sei gewillt, auch neue Wege zu gehen. Es könne keine Rede davon sein, dass die journalistische Arbeit durch Seibert'sche Tweets beeinträchtigt werde.

Die Causa @RegSprecher wirft ein bezeichnendes Licht nicht nur auf die um ihr Herrschaftswissen fürchtenden Alpha-Tiere in der Bundespressekonferenz, sondern auch darauf, wie es um die Akzeptanz eines weltweit längst etablierten Massenkommunikationsmittels wie Twitter in Deutschland bestellt ist. Denn das Twittern des Regierungssprechers war den Kommunikationsprofis in Berlin wochenlang überhaupt nicht aufgefallen. Verwunderlich ist das nicht: Gilt Twitter doch hierzulande gemeinhin als Kuscheltreff für Katzen- und andere Tierfreunde, peinliche Schwatzbude für alltägliche Nichtigkeiten und Spielfeld für die Freunde der

Klospruch-Lyrik. Mit einem Wort: in Deutschland ist Twitter „pfui". Schauen Sie das Video besagter Bundespressekonferenz auf schwafelkiller.com

Wer auch immer für die positiven Seiten von Twitter werben will, hat es deshalb nicht leicht. Denn oftmals ist Twitter nämlich genau so: belanglos, oberflächlich, langweilig und manchmal auch peinlich. Also nicht anders als ein durchschnittlicher TV-Abend oder die Lektüre des deutschen Blätterwaldes. Aber ebenso wie man beim Zappen durch die Programme oder beim Durchforsten der Ressorts immer wieder auf Juwelen stößt, hat Twitter auch ganz andere Funktionen. Als nie versiegende weltweite Nachrichtenzentrale, als Kreuzer, der ununterbrochen die Tiefen und Untiefen des weltweiten Netzes auslotet, als Laufsteg für *celebrities*, Bühne für Wortgewaltige und Hintersinnige, Lobby für Spin-Doktoren oder Schreibheft für Hobby-Lyriker. Seine besondere Kraft und Wirkung entfaltet Twitter für das kommunikationsbedürftige Individuum als Resonanzraum der besonderen Art. Wer immer etwas zu sagen hat (und wer hat das nicht?), findet in Twitter ein Instrument, das seine Gedanken, Wünsche, Hoffnungen, Überzeugungen schnell und unkompliziert in die Welt trägt und dort für mehr oder weniger Widerhall sorgt. Die Retweet-Funktionen von Twitter (und auch anderen sozialen Netzwerken) verleihen der Kommunikation eine Dynamik und Reichweite, die vor nicht allzu langer Zeit unvorstellbar gewesen wäre. Lateinamerikas Kommunikationsexperten haben das offenbar schon früh erkannt ... Ganz im Gegensatz zu deutschen Wissenschaftlern.

*Ein unfassbar spannender Prozess findet hier statt.
Aber die Geisteswissenschaftler sitzen bräsig in ihren Ledersesseln
und tun so, als ginge es sie nichts an.
Warum sind noch nicht alle Geisteswissenschaftler hier,
bloggen, twittern, schreiben, lesen und bringen den Diskurs voran?*
Michael Seemann, Blogger

DAS SCHWEIGEN DER WISSENSCHAFT

Von einigen Alpha-Bloggern abgesehen, die auch auf Twitter das große Wort führen, und einer Handvoll „Wagemutiger", hat die *scientific community* Deutschlands den Aufstieg des „Webzwonull" schlichtweg verschlafen. Und noch Mitte 2011 wartet man vergeblich auf den ersten twitternden Präsidenten einer deutschen Wissenschaftsorganisation. Zwar lassen sich ein paar dieser Präsidenten mittlerweile von ihren Pressestellen kluge Texte über die Bedeutung sozialer Netzwerke aufschreiben. Doch diese selbst aktiv zu nutzen, kommt ihnen nicht in den Sinn. Lieber lässt man sich morgens vom Sekretariat das Wichtigste aus dem Internet ausdrucken.

Okay, wir hören ja schon auf. Derlei Häme führt auch zu nichts. Aber die Polemik zeigt zumindest, was alles im Argen liegt. Deutsche Wissenschaftlerinnen und Wissenschaftler vergeben große Chancen, Wege in die Welt zu finden. Twitter ist einer dieser Wege, der zudem nur einen Klick entfernt ist. Wir wollen Sie animieren, diesen Weg auszuprobieren. Wie man einen erfolgreichen Twitteraccount aufbaut und welche Dinge es dabei zu beachten gibt, beschreiben wir auf den folgenden Seiten.

Wie Sie die ersten Schritte auf Twitter machen und beispielsweise Ihr Profil anlegen, haben wir an anderer Stelle bereits erörtert. Im Folgenden soll es nun darum gehen, wie Sie Twitter für Ihre Reputation als Wissenschaftler einsetzen können, ob und welche Regeln es gibt, was man tun sollte und was man besser sein lässt.

LESEN UND LERNEN

Als Neu-Twitterer sollten Sie sich zunächst auf Twitter umsehen. Das Gebot lautet: Lesen Sie! Folgen Sie Personen, die Sie schon aus dem *real life* kennen, oder Bekannten, von denen Sie wissen, dass sie twittern. Oder suchen Sie sich Twitterer, die Sie interessant finden, wenn es sein muss, auch Barack Obama. Und dann lesen Sie. So lernen Sie am besten, wie Twitter funktioniert. Sie werden feststellen, wie viele unterschiedlichen Möglichkeiten es gibt, 140-Zeichen-Meldungen zu schreiben. Sie werden in Ihrer *timeline* – also dem kontinuierlichen Nachrichtenstrom – die verschiedensten Charaktere kennenlernen, die Ihre Aufmerksamkeit auf je individuelle Weise erlangen möchten. Sie werden manche Twitterer lieben lernen, mehr oder weniger an ihrem Leben Anteil nehmen, obwohl Sie sie überhaupt nicht kennen. Sie werden andere weniger interessant finden und sie wieder „entfollowen". All das gehört zum Prozess dazu. Haben Sie keine Scheu, das zu finden, was Sie interessiert und anderes zu verwerfen.

DAS ERSTE MAL – UND WIE OFT DANACH?

Ja, die ersten Tweets sind seltsam. Man hat noch so gut wie keine Follower und kommt sich irgendwie albern vor. Und das soll nun das berühmte Web 2.0 sein? Seien Sie versichert: Das geht vorbei. Aber was soll man nun eigentlich in dieses Medium hineinschreiben? Und wie oft?

Es gibt dafür keine Patentrezepte oder Regeln. Wenn es Ihnen darauf ankommt, viele Follower zu bekommen (und wer will das nicht?), dann sollte die Qualität Ihrer Tweets über Statusmeldungen zur aktuellen Befindlichkeit deutlich hinausgehen. Ein gerüttelt Maß an Relevanz kann nicht schaden, Ihre Follower bei Laune zu halten. Wobei Relevanz hier nicht meint, ob Sie sich selbst für relevant halten. Es geht darum, Ihre Follower zu bereichern, zu erfreuen oder zu unterhalten. Wenn Sie wollen, können Sie von morgens bis abends ständig Status-Updates absenden, und wenn Sie am Ende des Tages feststellen, dass Sie Ihre Follower mit 50, 60, 70 Tweets „erfreut“ haben, werden Sie wohl kurz danach einen rapiden Follower-Schwund verzeichnen. Denn Nervensägen werden zurecht gnadenlos ignoriert. Es sei denn, Ihre Tweets sind so brillant, so witzig, so gehaltvoll, so hintersinnig-schön, dass Ihnen die Follower-Herzen nur so zufliegen: dann dürfen Sie auch gerne alle zwei Minuten einen Tweet absetzen. Man wird Sie lieben. Aber vergessen Sie das lieber gleich:

Das schaffen Sie nur mit Doping. Auf der anderen Seite ist eine zu geringe Tweet-Zahl auch nicht hilfreich. Wer nur sonntags abends zwei Tweets absetzt, läuft Gefahr, nicht wahrgenommen zu werden.

FOLLOWER GEWINNEN

Viele werden es abstreiten, aber es ist trotzdem wahr: Wer twittert, möchte gelesen werden, und zwar von möglichst Vielen. Es ist einfach frustrierend, über einen längeren Zeitraum nur für eine kleine Follower-Schar zu twittern. Es sei denn, es handelt sich dabei um Ihre besten Freunde, mit denen Sie auf diese Weise schnellen und unkomplizierten Kontakt halten wollen. Das könnten Sie aber besser über andere Kommunikationswege erreichen. Man kann sich auch Follower kaufen (kein Scherz!) oder selbst so vielen Twitterern wie möglich folgen in der Hoffnung, dass diese zurückfolgen.
All das sind aber langfristig keine guten Strategien. Schließlich wollen Sie ja nicht nur ein Sender sein, der seine Meinungen und Gedanken verbreitet, sondern Sie wollen ins Gespräch kommen. Dazu ist es aber nötig, dass Ihre Twitter-Kontakte irgendeinen Bezug zu Ihnen oder den Inhalten Ihrer Tweets aufbauen können. Umgekehrt gilt dies genauso. Man muss sich ein Bild von Ihnen machen können. Mit jedem Tweet, den Sie absetzen, arbeiten Sie an diesem Bild. Um sich einen Eindruck von einem Twitterer machen zu können,

reicht oftmals ein Blick in seine jüngsten Tweets: Man erkennt sehr schnell, über welche Themen er schreibt oder welche Interessen sie hat.

Der Aufbau einer Follower-Gemeinde, die gut zu Ihnen passt, ist also mit recht hohem Aufwand verbunden, denn man muss sich für die anderen interessieren und sich mit ihnen auseinandersetzen. Es gibt – insbesondere bei Twitter – eine seltsame Spezies von „Super-Power-Web 2.0-Erfolgs-Coaches“, die nichts anderes im Sinne haben, als eine möglichst hohe Follower-Zahl, mit der sie dann in ihrem höchstwahrscheinlich sehr traurigen „Erfolgs-Coach“-Leben prahlen zu können. In der Regel twittern diese Leute belangloses bis ärgerliches Zeug. Sie grasen Twitter ab, immer auf der Suche nach harmlosen Mitmenschen, die ihnen zu folgen gewillt sind. Bitte nehmen Sie sich solche Leute nicht zum Vorbild (sondern blocken Sie sie!), denn es führt zu nichts.

Sie müssen ja auch nicht 15.000 Follower haben, sondern vielleicht sind Sie mit 250 sehr gut bedient. Denn es kommt ja darauf an, dass es die richtigen 250 sind, also solche Twitterer, mit denen Sie sich austauschen können. Twitter bedeutet, sich gegenseitig mit interessanten Informationen zu versorgen. Es bedeutet, sich über gemeinsame Interessen zu unterhalten, Meinungen auszutauschen oder Differenzen zu diskutieren. Und, jawohl, Twitter bedeutet meistens auch, einfach Spaß zu haben: Probieren Sie mal, gemeinsam mit „Tatort"-Begeisterten, einen Tatort zu sehen und gleichzeitig darüber zu twittern: eine ganz neue Dimension von Fernsehgenuss.

WELLEN UND HYPES

Doch zurück zu den ernsten Dingen. Wissenschaftlern bietet Twitter eine hervorragende Kommunikationsplattform. Nicht nur, dass Sie hier einen kurzen Draht zu Ihren Fachkollegen in der ganzen Welt halten können. Twitter bietet Ihnen auch beste Möglichkeiten, Ihre neuesten Erkenntnisse oder interessante Forschungsergebnisse, die Sie gerade auf Ihrem Blog veröffentlicht haben, bekannt zu machen. Oder Sie stellen Ihren neuesten Vortrag, den Sie unlängst auf der großen internationalen Tagung hielten, online und machen über Twitter bekannt, wo man ihn finden kann. Twitter kann also ein höchst nützliches Instrument sein, Ihre Reputation als Forscher zu verbessern.

Was Sie in sozialen Netzwerken wie Twitter posten, ist in der Folge nicht steuerbar. Das ist manchmal misslich, weil man Dinge, die einmal in der Welt sind, nicht mehr einfangen kann. Sie sollten sich also immer genau überlegen, was Sie der Welt sagen wollen und was nicht. Gleichzeitig ist die hohe Vernetzungsdichte, das Entstehen von immer mehr Gruppierungen und Szenen sowie die spontane Begeisterung vieler Netzwerkteilnehmer auch die große Stärke des Mitmach-Netzes. Durch die Retweet-Funktion bei Twitter (ähnlich dem „Gefällt-mir-Button“ bei Facebook oder dem +1-Button bei Google) können sich in sozialen Netzen wellenartige Hypes entwickeln, die völlig unsteuerbar durchs Netz schwappen. So kann es also gut sein, dass Ihre Tweets durchs Netz vagabundieren und unter Umständen sehr viel mehr Menschen erreichen, als Sie glauben. Wellen oder Hypes bieten Ihnen wiederum auch die Möglichkeit, Ihre spezielle Expertise oder Sichtweise zu bestimmten Themen in die Netz-Diskussionen einzuspeisen.

Oftmals fehlt in den gesellschaftlichen Aufregerdebatten gerade die Sicht der Wissenschaft.

Hier bieten sich immer wieder Chancen, solche Debatten mit ausgewogenen Stimmen aus der Wissenschaft zu bereichern. Es braucht also gar nicht immer das Wissenschaftsfestival oder die Lange Nacht der Wissenschaften, um mit Bürgern ins Gespräch zu kommen: Auf Twitter kann man das als Wissenschaftler jeden Tag tun.

REPLY, FAV, HASHTAG – WIE BITTE?

Manches in der Twitter-Welt ist zunächst ziemlich kryptisch. Man kann sich aber recht schnell zusammengoogeln oder -bingen, was es mit Hashtags & Co. auf sich hat. So ist es nicht schwer zu verstehen, dass man andere Twitterer nur mit ihrem Twitternamen anspricht und dem Ganzen immer ein @ davor stellt. Will ich jemandem antworten, ist das ein *reply*. Mag ich einen Tweet, kann ich ihn mit einem Sternchen versehen, ihn also *„faven"*. Dies ist eines der beliebtesten Spielchen bei Twitter. Manche wünschen sich nichts mehr, als dass ihre Tweets *gefavt* werden und stehen demzufolge unter einem hohen Originalitätsdruck. Auf der Internetseite *favstar.fm* können die „Favsüchtigen" dann nachschauen, wie oft und von wem ihre Tweets besternt wurden. Wer es zu sehr darauf anlegt, dass die eigenen Tweets *gefavt* werden, kann auch schon mal schnell unter „Favwunschverdacht" geraten.

Wer jetzt noch keine Sternchen sieht, dem sei zum Abschluss noch gesagt, dass ein Hashtag so etwas wie eine Verschlagwortung ist. Jedem Schlagwort wird ein „#" vorangestellt, damit man es hinterher in der Twittersuche besser finden kann. Bei großen Veranstaltungen mit vielen Twitterern gibt es einen gemeinsamen Veranstaltungs-Hashtag. So können sowohl Teilnehmer die Tweets der anderen Teilnehmer mitlesen oder Daheimgebliebene sich einen kompakten Eindruck vom Verlauf und den Inhalten der Veranstaltung verschaffen. Besonders beliebt auf Veranstaltungen sind sogenannte Twitterwalls, auf denen alle Tweets mit einem bestimmten Hashtag eingeblendet werden. Die Top-Themen in der Twitterwelt sind mit Hashtags versehen. Wer sich also beispielsweise im Frühjahr 2011 über die Ereignisse in Ägypten informieren wollte, konnte dies am besten mit der Suche #egypt oder #tahrir tun, um neueste Nachrichten zu diesen Themen zu finden. Hin und wieder werden Hashtags auch ein wenig zweckentfremdet, beispielsweise um einen etwas zu kryptisch geratenen Tweet zu retten:

`Hier ist jetzt Schicht im Schacht.`
`#kapitelende`

Übung

MIT 140 ZEICHEN ZUM FÖRDERGELD

Ein bisschen üben müssen wir noch! Schließlich ist es gar nicht so leicht, sich auf 140 Zeichen beschränken zu müssen. Die Beherrschung der kurzen Form kann aber sehr hilfreich sein, z. B. wenn man Geld von der DFG haben möchte: (Antrag im sog. Normalverfahren, Punkt 1.2 „Thema"):

> „Bitte geben Sie hier eine möglichst präzise Kurzbezeichnung des Vorhabens, die nicht länger als 140 Zeichen sein darf. Im Falle der Bewilligung wird das Thema in der hier angegebenen Form in den Jahresbericht der DFG aufgenommen.")

Also, schreiben Sie bitte jeweils einen Tweet

- *Zu der Verspätung, die ihr ICE gerade hat*
- *Zu dem Endzeit-Thriller, den Sie gestern im Kino sahen*
- *Zum spontanen, unangekündigten Besuch Ihrer Eltern/Kinder/Schwiegermutter*
- *Zu dem langen Artikel über den Euro, den Sie gerade in der FAZ lesen.*

Und dann schicken Sie alles an
schwafelkiller.com

TL; DR

Hugo Chávez tut es. Cristina Fernández de Kirchner tut es. Dilma Rouseff tut es auch. Felipe Calderón ist dabei. Sebastián Piñera gehört auch zum Club. Von wenigen Ausnahmen abgesehen, sind fast alle lateinamerikanischen Regierungsschefs beherzte Twitterer. Sie berichten von ihren Regierungsgeschäften, von Erlebnissen auf Reisen und beglückwünschen sich gegenseitig zu Wahlerfolgen. Dem Twitteraccount des venezolanischen Präsidenten Chávez (@chavezcandanga) folgen fast zwei Millionen Twitterer. Hierzulande ist das etwas anders ...

Weitere Figuren dieses Kapitels: Follower, die schweigende Wissenschaft, ein Regierungssprecher und ein Hashtag ...

8 | In die Freiheit entlassen

Der Wissenschaftler als Blogger

Blogs gehören schon seit vielen Jahren zu den etablierten Kommunikationsformen. Allerdings hat sich das bisher nur unter Bloggern selbst oder in netzaffinen Kreisen herumgesprochen. Obwohl es mittlerweile unzählige Weblogs gibt, spielen sie in öffentlichen Diskursen bisher nur eine untergeordnete Rolle. Jedenfalls hört man nicht oft Sätze wie „Heute morgen las ich noch auf frischgebloggt.de, dass ..."

Mag sein, dass dies in anderen Ländern etwas anders ist. Hierzulande jedoch hat ein Blog immer noch das Etikett des Nichtalltäglichen. Zumindest für diejenigen, die noch ganz in den alten Medienwelten verhaftet sind, was natürlich – nota bene – nichts Verwerfliches ist. Allerdings bröckelt die Front auch hier: So haben manche großen Zeitungsverlage begonnen, ihre Redakteure auf verlagseigenen Plattformen bloggen zu lassen. Auf diese Weise kommt man mit seiner Leserschaft besser in Kontakt, und den Redakteuren bietet sich die Möglichkeit, sich mit persönlichen Steckenpferden zu befassen, die keine Chance hätten, in die Printausgaben zu gelangen.

Blogs als Wurmfortsätze des herkömmlichen Journalismus sind aber auch nicht das Gelbe vom Ei. Denn so richtig frei von der Leber weg wird kaum ein Journalist auf der Blogplattform seines Arbeitgebers schreiben. Es ist ansonsten ein wesentliches Merkmal von Blogs, dass sie ihren Betreibern größtmögliche Unabhängigkeit gewähren. Wer ein eigenes Blog hat, kann dort tun und treiben, was er oder sie will. Ein Blog bedeutet Freiheit. Und das ist zugleich auch das Problem von Blogs, zumindest wenn man dabei auf die wissenschaftliche Welt blickt. Denn ebendiese Freiheit und Unabhängigkeit, die ein Blog ermöglicht, lässt viele Wissenschaftler davor zurückschrecken. Es ist ein bisschen wie die Angst des langjährigen Häftlings vor der „Welt da draußen". Was erwartet einen dort? Wird man sich zurecht finden? Besteht nicht die Gefahr zu scheitern? Und dann sind da noch die Kollegen: Wird man womöglich schief angesehen, wenn man es „es nötig" hat, seine Gedanken und Ideen ins Internet zu schreiben?

Womöglich haben Sie diese oder ähnliche Bedenken auch schon einmal gehabt – und den Gedanken an ein eigenes Blog direkt wieder verworfen. Das wäre schade. Denn ein Blog bietet so unendlich viele Möglichkeiten, das eigene Leben und Forschen zu reflektieren und vor allem: zu diskutieren. Denn wenn Sie sich endlich da hinaus wagen, werden Sie auf Interessierte stoßen, die mit Ihnen diskutieren wollen. Sie werden Feedback bekommen. Manches wird Sie freuen, manches wird Sie ärgern, mit einigen werden Sie sich in leidenschaftliche Diskussionen verstricken. Aber ist das nicht genau das, was Sie immer wollten? Dass man sich für das interessiert, was Sie tun?

Ja, das wollen Sie. Aber – fragen Sie sich – ist dieses Bloggen nicht trotzdem trivial? Mache ich mir meine Reputation als Forscher damit nicht kaputt? Nein, im Gegenteil! Sie werden sich erst dann eine wirkliche Reputation erarbeiten, wenn Sie nicht nur im stillen Kämmerlein vor sich hinforschen, sondern sich auch die Mühe machen, der Welt mitzuteilen, was Sie tun. Und zwar möglichst in einer Form und Sprache, die diese Welt auch erreicht.

Eine ganze Reihe von Wissenschaftsbloggern zeigt seit drei, vier Jahren, dass erfolgreiches Bloggen auch in Deutschland gelingen kann. Im Wesentlichen trifft sich diese Szene auf den zwei großen Blogportalen „ScienceBlogs" (einem deutschen Ableger der US-amerikanischen Mutter ScienceBlogs.com) und „Scilogs" (eine vom Heidelberger Verlag „Spektrum der Wissenschaft" betriebene Plattform). Die Blogs dieser Portale beschäftigen sich im weitesten Sinne mit der Rolle der Wissenschaft in Politik, Religion, Philosophie, Kunst und Wirtschaft. Rund 70 Blogs sind auf diesen Plattformen aktiv. Die Schreiber sind unabhängig, sowohl bei der Wahl ihrer Themen als auch, was ihren Stil angeht: Texte werden grundsätzlich nicht redigiert – was ihnen nicht immer zum Vorteil gereicht.

Für angehende Wissenschaftsblogger kann es lohnend sein, sich diese Portale einmal etwas näher anzuschauen. Hier kann man lernen, wie Bloggen über Wissenschaft funktioniert, wie man Themen so aufbereitet, dass sie wirklich gelesen werden. Man kann nachvollziehen, wie sich *communities* bilden, welche Diskussionen gerade geführt werden. Man erfährt auch einiges über die Nachteile des Bloggens, wenn einmal wieder „Trolle“ unterwegs sind und den Blogger mit unqualifizierten Kommentaren zu piesacken versuchen.

KONKURRENZ ZUM JOURNALISMUS?

Immer wenn die Rede auf das Bloggen kommt, entspinnt sich die mittlerweile eher unerquickliche Diskussion darüber, ob Blogger nicht in Konkurrenz zum etablierten Journalismus stehen. Allerdings muss man feststellen, dass diese Frage zumeist von Journalisten gestellt wird, die hier womöglich eine Konkurrenz wittern.
Wer sich die Sachlage indes einmal ganz nüchtern vor Augen führt, bemerkt ziemlich schnell, dass es sich hier um eine Scheindebatte handelt. Denn ein paar hundert Wissenschaftsblogger (die es schätzungsweise insgesamt in Deutschland geben mag) haben weder die finanziellen Mittel noch die Zeit und den Anspruch, mit dem professionellen Journalismus in Wettbewerb zu treten.
Offensichtlich liegt hier lediglich eine Verwechslung vor. Denn ein Blogpost bewegt sich in Bezug auf Textlängen oftmals in herkömmlichen journalistischen Formaten, er bedient sich der Regeln eines guten Textes, schafft es, ein komplexes Thema übersichtlich zu strukturieren und befleißigt sich einer allgemein verständlichen Wortwahl. Damit hören die Gemeinsamkeiten aber oft schon wieder auf.
Es gehört zu den Charakteristika eines Blogposts, dass in ihm die Meinung des Schreibers einen breiten Raum einnimmt. Im Journalismus ist Meinung nur in speziellen Formaten, z. B. dem Kommentar, erlaubt. Allerdings

lieben Journalisten den Kommentar, weil sie wie alle mitteilsamen Menschen natürlich gern ihre Meinung kundtun, statt hinter der objektiven Fassade des reinen Berichterstatters verschwinden zu müssen. Vielleicht beneiden viele Journalisten die Blogger, weil diese eben nicht durch journalistische Regeln gebunden sind und sich frei bewegen können.

Doch diese Freiheit – Sie haben es geahnt – hat natürlich auch bestimmte Voraussetzungen, zumindest sprachliche. Denn alles, was Sie in den anderen Kapiteln dieses Buches über verständliches Schreiben, über guten Stil, über klare, gut strukturierte Texte gelesen haben, gilt natürlich auch für das Bloggen. Ein guter Blogpost will eingeübt sein. Bloggen ist ein Handwerk, das sich erlernen lässt.

Gute, verständliche Texte sind natürlich nur die Grundvoraussetzung für ein erfolgreiches Blog.

Denn bei allem handwerklichen Können ist es der intrinsisch motivierte Wissenschaftler, der ohne Aussicht auf finanziellen Gewinn in seiner Freizeit an hochwertigen Texten für einen imaginären Leser werkelt. Oder für eine nur sehr kleine, überschaubare *community*. Es gehört viel Enthusiasmus dazu, so etwas über einen längeren Zeitraum zu tun. Es braucht viel Liebe zum eigenen Tun und den ganz und gar von spekulativem Gewinndenken befreiten Wunsch, dass andere hier auch ihre Liebe zu den Dingen entdecken mögen.

SZENE: DUAL BLOGGING

Als ich es das erste Mal sah, hielt ich es für einen Scherz. Aber nein: Die Fraunhofer-Gesellschaft meint das völlig ernst. „Discover-Markets" – so heißt eines der Fraunhofer-Forschungsprojekte. Es kümmert sich – grob gesagt – darum, wie wissenschaftliche Erkenntnisse möglichst schnell in marktfähige Produkte umgesetzt werden können. Die Verbraucher – also die späteren Nutzer der Produkte – sollen dabei früh in die Entwicklung einbezogen werden. Dazu nutzt das Projekt Social Media. Unter anderem ein Blog – das sogenannte „Forschungs-Blog". Wissenschaftliche Entdeckungen und Entwicklungen werden hier einem allgemeinen Publikum präsentiert und zur Diskussion gestellt. So die Idee.

Der besondere Clou dieses Blogs ist nun das „Dual Blogging". Erklärt wird dieses Konzept auf der Website so:

„Artikel im Dual-Modus haben zwei parallele Textspalten. In der linken ist ein Fachtext zu finden, der eine wissenschaftliche Entwicklung fachlich präzise in der entsprechenden Terminologie beschreibt. In der rechten Spalte findet sich die blogaffine Perspektive des gleichen Themas, lebensnäher und (hoffentlich) unterhaltsam geschrieben, was sich vermutlich besser für die Social-Media-Welt eignet."

Ich war wie vom Donner gerührt. Konnte das wirklich wahr sein? Im Jahr 2011? Leider war es das. Beim Dual Blogging bekommt man alle Todsünden des sogenannten „wissenschaftlichen Schreibens" präsentiert – inklusive des Irrglaubens, ein paar angesagte Blogger könnten das Ganze mal eben mittagspausenkompatibel ins

Was ist mit Dir, Philosoph? Dein Rat wäre hier gefragt, aber Du schweigst, bringst lieber eine neuredigierte Auflage der gesammelten Werke von Feuerbach heraus? Interessierst Du Dich denn nicht mehr für die Welt? Michael Seemann, Blogger

Gefällige übersetzen. Dazu hat man sich sogar der prominentesten Social-Media-Figur der Republik versichert (sowie der Unterstützung einiger der bekanntesten Wissenschaftsblogger). Allerdings kann das alles nicht über die Schwächen dieses Konzeptes hinwegtäuschen.

So findet man beim Dual Blogging in der linken Textspalte genau diese Sorte von Texten, die man normalerweise nur unter Androhung von Strafe liest. Also leserverachtende Aneinanderreihungen von Wörtern – von manchen auch Fachsprache genannt. Und in der rechten Spalte dann die locker-flockige Blogger-Version des Sprachmülls aus der linken Spalte.

Dual Blogging zeigt die heutige Wissenschaftskommunikation in ihrer ganzen dramatischen Hilflosigkeit. Immer noch ist sie eingeklemmt zwischen einerseits dünkelhaften Wissenschaftlern, die unfähig und unwillig sind, sich klar und verständlich auszudrücken – und die immer noch alles daran setzen, diesen Makel als Kompetenz zu verkaufen. Auf der anderen Seite ist der immer noch vorherrschende Irrglaube, man müsse das Kauderwelsch nur „lebensnah und unterhaltsam" übersetzen, um die Allgemeinheit zu erreichen. Dual Blogging ist aber noch viel mehr eine Bankrotterklärung von Wissenschaftlern, die irgendwie cool auf social media *machen wollen, ohne sich dabei auch nur ein bisschen aus ihrem hochsubventionierten Sprachghetto herauszubewegen.*
(www.forschungs-blog.de)

Wenn es weiter oben hieß, ein eigenes Blog bedeute Freiheit, so bezog sich das auf Themenwahl und Meinungsunabhängigkeit. Sprachlich jedoch gelten natürlich für das Bloggen dieselben Regeln wie für alle anderen Texte, die geneigte Leser finden sollen.
Darüber hinaus gibt es für das Bloggen ein paar Spezifika, die mit dem Medium Internet zusammenhängen. Eine dieser Besonderheiten betrifft die Textlänge einzelner Blogposts. Es steht zwar nirgendwo geschrieben, aber Sie sollten es weitgehend vermeiden, Texte von epischer Länge in Ihrem Blog zu veröffentlichen. Die Aufmerksamkeitsspanne von Lesern im Internet ist begrenzt, deutlich begrenzter als in der analogen Welt. Der Ausstieg aus Ihrem Text ist nur einen Klick entfernt. (siehe auch: „Glauben Sie, im Web wäre es anders?“)

Es bringt Sie aber auch nicht weiter, darauf nun mit lauter Textschnipseln zu reagieren. Manche Dinge brauchen nun einmal etwas Raum, und den sollten Sie ihnen auch einräumen. Schließlich ist es Ihr Blog, Sie können dort tun und lassen, was Sie wollen.
Aber Sie wollen natürlich auch, dass die Besucher Ihres Blogs gut aufbereitete Informationen finden und – im besten Falle – auch wiederkommen. Sie möchten, dass Ihr Blog sich in bestimmten Kreisen einen Namen macht, Sie möchten, dass das Blog Ihre Reputation verbessert. Dann ist es natürlich unumgänglich, dass Sie

sich viele Gedanken um die Leser Ihres Blogs machen. Als Blogger sind Sie Verleger, Journalist und Vermarkter in einer Person. In diesen Funktionen versuchen Sie herauszufinden, welche Themen Ihre Leser besonders interessieren und auf welche Blogposts sie stärker oder vielleicht auch überhaupt nicht reagieren.

Auf diese Weise finden Sie mit der Zeit fast nebenbei heraus, welche Textlängen Sie Ihren Lesern zumuten können. Sie werden mit zunehmender Praxis auch herausfinden, welche Themen am besten laufen. Denn dazu gibt es bei Blogs eine wunderbare Einrichtung: die Kommentarfunktion.
Wenn Sie Kommentare auf Ihre Blogbeiträge bekommen, ist das zunächst einmal etwas ganz Wunderbares. Denn es ist nicht selbstverständlich. Sie wissen von sich selbst, dass man nur relativ selten dazu bereit ist, einen Internetbeitrag zu kommentieren. Bei Facebook ist es einfach: Da klickt man einmal den „Gefällt mir"-Button und alles ist gut. Aber sich hinzusetzen und einen Blogbeitrag zu kommentieren – dazu gehört schon mehr. Deshalb ist ein Kommentar immer ein besonderer Erfolg, weil es einem gelungen ist, eine womöglich vollkommen fremde Person dazu gebracht zu haben, sich mit Ihnen und Ihrem Thema zu beschäftigen. Offensichtlich haben Sie den Nagel auf den Kopf getroffen und ernten nun Zustimmung. Oder Sie haben so

kontrovers argumentiert, dass sich die Leute herausgefordert fühlen, Ihnen zu widersprechen. Wenn Sie dummes Zeug geschrieben haben, werden sie vielleicht Spott ernten. Auch daraus kann man lernen.

Die Kommentarfunktion ist also eine wunderbare Sache, mit den Lesern Ihres Blogs in Kontakt zu kommen. Doch wie spricht man mit ihnen? Welchen Ton pflegt man in den Blog-Kommentarspalten? Freundlich distanziert? Kumpelig vertraut? Im Telegrammstil oder mit ausufernden *replies*? Ausgesucht höflich oder rabiat-direkt?

Auf diese Fragen gibt es keine allgemein gültigen Antworten, es ist sicher immer kontextabhängig. Grundsätzlich gilt aber: Verhalten Sie sich im Web immer so, wie Sie es auch im realen Leben tun, also hoffentlich wie ein rücksichtsvoller und freundlicher Zeitgenosse. Die Tatsache, dass man sich im Internet begegnet, veranlasst viele Menschen, sich daneben zu benehmen und Dinge zu schreiben, die man irgendwann bedauert. Schreiben Sie also bitte immer nur dasjenige über oder an andere, was Sie ihnen auch direkt ins Gesicht sagen würden. Alles andere bringt Sie möglicherweise in Teufels Küche. Und diese Faustregel sollte nicht nur für Kommentarspalten gelten, sondern auch für Ihr ganzes Verhalten in sozialen Netzwerken.

Übung

BLOGGEN SIE!

Nun versuchen Sie sich an einem eigenen Blogpost. Als Orientierung zu Textlänge und Ansprache seien hier wieder DFG-Richtlinien zitiert: (Antrag im sog. Normalverfahren, Punkt 1.6 „Zusammenfassung"):

> „Fassen Sie hier bitte die wesentlichen Ziele Ihres Vorhabens allgemeinverständlich und in nicht mehr als 15 Zeilen (max. 1.600 Zeichen) zusammen. Die Zusammenfassung dient vor allem zwei wichtigen Zwecken:
>
> a) Sie orientiert die interdisziplinär zusammengesetzten Gremien der DFG, die die abschließende Entscheidung zu Ihrem Antrag treffen, über die Kernziele Ihres Vorhabens.
>
> b) Führt der Antrag zu einer Bewilligung, so soll diese Zusammenfassung über ein datenbankgestütztes Informationssystem im Internet der Öffentlichkeit zugänglich gemacht werden. Bitte achten Sie daher bei der Formulierung auf Kürze und auf Verständlichkeit für Nicht-Fachleute."

Bloggen Sie! Über folgende Themen könnten Sie max. 1.600 Zeichen schreiben:

- *Die Zukunft der Hauptschule*
- *Mit dem Moutainbike durchs Ruhrgebiet*
- *Die schönste Stadt der Welt*
- *Taubenvergiften im Park*

Nun schicken Sie alles an schwafelkiller.com

TL; DR

Blogs gehören schon seit vielen Jahren zu den etablierten Kommunikationsformen. Allerdings hat sich das bisher nur unter Bloggern selbst oder in netzaffinen Kreisen herumgesprochen. Obwohl es mittlerweile unzählige Weblogs gibt, spielen sie in öffentlichen Diskursen bisher nur eine untergeordnete Rolle. Jedenfalls hört man nicht oft Sätze wie „Heute morgen las ich noch auf frischgebloggt.de, dass ..."
Dieses Kapitel erzählt von der Freiheit des Bloggers, von ersten Schritten in Welten, die noch nie ein Mensch gesehen hat, von „Dual Blogging" und einem Troll ...

Weitere Figuren: Die Angst des Wissenschaftlers vor den unendlichen Weiten, schon wieder Handwerk, das Wesen des Kommentars, ein Nagel, ein Kopf ...

9 | Power-Point-Matadore und Folien-Schwätzer

Sonnabend & Weiss tuscheln in der letzten Reihe

Die Karl-Klabautermann-Stiftung hat zu ihrem jährlichen wissenschaftlichen Symposium geladen. In diesem Jahr geht es um neueste Erkenntnisse der Innovationsforschung. Ökonomen, Psychologen und Neurowissenschaftler berichten einem gemischten Publikum aus ihren Fachgebieten. Sonnabend & Weiss sitzen im Eröffnungsvortrag. Professor Quappermeier betritt die Bühne. Das Stück beginnt.

WEISS (murmelnd): *Ich habe es geahnt.*
SONNABEND: *Hm?*
W: *Ich wusste es!*
S: *Was denn?*
W: *Quappermeier hält immer diese unerträglichen Power-Point-Vorträge. 50 eng beschriebene Charts in 30 Minuten.*
S: *Einer dieser Folien-Schwätzer ohne Draht zum Publikum?*
W: *Ganz genau! Es gibt übrigens kaum jemanden, der sein Gesicht kennt.*
S: *Wieso das?*
W: *Weil er den Zuschauern stets den Rücken zukehrt und intime Gespräche mit seinen „ich hab Ihnen da mal was vorbereitet" hält ...*
S: *Das ist typisch für solche Leute. Die interessieren sich nicht die Bohne dafür, wo sie sich befinden, vor wem sie reden und vor allem: welche Botschaften sie wirklich*

Es geht aber auch darum – das ist eine Bitte von mir an Sie –, die Sprache der Wissenschaft so zu benutzen, dass diejenigen, die nicht ganztägig wissenschaftlich beschäftigt sind, sie auch verstehen können.
Angela Merkel, Bundeskanzlerin

übermitteln wollen. Sie überfrachten ihren Vortrag mit einer Überfülle an Informationen und nehmen keinerlei Rücksicht auf das tatsächliche Aufnahmevermögen ihrer Zuhörer. Man weiß es doch von sich selbst: Bis zur Kaffeepause haben wir die Hälfte des Vortrags wieder vergessen.

W: *Meine Güte, Sie geraten ja richtig in Harnisch!*

S: *Über schlechte Reden habe ich mich schon so oft aufgeregt, dass ich selbst schon einen Vortrag darüber halten könnte. Haben Sie schon einmal einen frei gehaltenen Power-Point-Vortrag Wort für Wort verschriftlicht gelesen?*

W: *Um ehrlich zu sein: nein. Aber das wäre bestimmt eine gute Schocktherapie für unsere Schreibschüler – inklusive Umschreiben. Und eine Sache wird mir immer ein Rätsel bleiben: Kaum jemand scheint mehr zu wissen, dass ein guter Vortrag einen guten Text als Grundlage braucht. Aber das ist den Quappermeiers der Nation wohl zu anstrengend. Außerdem müsste man ja wissen, was einen guten Text überhaupt ausmacht und wie man ihn produziert. Aber wenn Sie so fragen: Sie haben so etwas schon gelesen?*

S: *Allerdings!*

W: *Und?*

S: *Es ist das Grauen in Papierform. 30 Prozent Gestammel und Füllwörter, Schachtelsätze vom Feinsten, nicht zu Ende gesprochene Sätze. Substanz ist nur in homöo-*

pathischen Dosen vorhanden. Nach klaren Botschaften suchen Sie meistens vergeblich. Power-Point tötet jegliche Inspiration – sowohl beim Redner wie auch beim Zuhörer. Und: Es wird schlichtweg in 99 Prozent aller Fälle falsch eingesetzt. Ein „guter" deutscher Vortrag zeichnet sich halt durch Überkomplexität – und vor allem durch Überlänge – aus. So sehen dann auch die Folien aus.
W: *Ach ja, überall Verwahrlosung ...*

Ein schmallippiger älterer Herr aus der vorletzten Reihe dreht sich um und fordert zischelnd Ruhe.

S *(flüsternd): Was glauben Sie, wieso die klassische Rede – also das gekonnte Vortragen eines ausgearbeiteten Textes – so sehr aus der Mode gekommen ist?*
W: *Nun ja. Die akademischen Wolkenschieber, die den Zusammenhang zwischen Sprechen und Denken nicht kennen, halten eine wohlgesetzte Rede im besten Fall für Firlefanz, im schlimmsten Fall für Manipulation. Die meisten von denen haben keine Ahnung von der Sache, dafür aber viel Meinung und fühlen sich auch noch irre „rational" dabei. Das ist aber noch nicht alles. Wenn zum Wolkenschieben die Jargonschlägerei kommt, wird's echt gemein. Und es wird schlimmer – oder wann haben Sie zum letzten Mal einen guten Vortrag gehört?*

S. runzelt die Stirn und schüttelt leicht den Kopf.

W: *Sehen Sie? Sie können es einfach nicht mehr. Ich weiß auch nicht, was in den Schulen eigentlich los ist, und es gibt ja sogar Bundesländer, in denen man*

Deutsch vor dem Abitur abwählen kann. Na ja, und über eine Sache müssen wir uns auch nichts vormachen: Das Publikum anzunuscheln, zu langweilen, mit schlampiger Sprache zu beleidigen und ihm den Rücken zuzukehren, sind ganz einfach schlechte Manieren.

S: *Das ist das Quappermeier-Syndrom der deutschen Wissenschaft. Das Schlimme ist: Man kann ihnen auch nicht begreiflich machen, dass sie bei derlei Tun vollkommen respektlos sind. Das verhindert schon allein der unerschütterliche Glaube an die eigene Großartigkeit. In ordentlich geführten Unternehmen wären das die Mitarbeiter mit dem größten Weiterbildungsbedarf. An deutschen Hochschulen jedoch undenkbar: einen Professor zum Nachsitzen schicken! Hierzulande glauben immer alle, der akademische Grad mache einen a priori zum Sprach- und Vortragsgenie. Und es verlangt ja auch niemand von ihnen, dass sie sich angemessen artikulieren. Bei uns wird jemand zum Professor ernannt und dann geht man davon aus, dass er oder sie – o Wunder – qua Amt und Titel auch automatisch alles kann.*

W: *Ja, das ist ja wirklich des Pudels Kern. Außer schlecht bezahlten Hilfsarbeitern ist es in diesem Lande niemandem, der einen Beruf ausübt, erlaubt zu tun, was er nicht gelernt hat. Und die allermeisten kämen auch gar nicht erst auf die Idee, es zu versuchen.*

S: *Manche behaupten ja auch, dass die „Drittmittel" an allem Schuld sind.*

W: *Ich fürchte, ich kann jetzt nicht folgen.*

S: *Nun, die These lautet: An den Hochschulen seien alle so sehr mit der Beschaffung von Drittmitteln beschäftigt, dass weder Zeit zum Forschen noch für sonst* *irgendwas bleibe. Geschweige denn für das lustvolle Verfassen von Reden und Vorträgen. Das wäre dann so, als käme ein Bäcker vor lauter Mehlbeschaffung nicht mehr zum Brotbacken.*

W: *Ja, dass man für sein Geld was tun muss, ist schon wirklich lästig ... Abgesehen davon trägt das Idealbild vom größtmöglichen Abstand zu den Niederungen des Alltags und zur lärmenden Menge ein Gutteil zur Misere erst bei. Würde man ihnen das Geld auf dem Silbertablett – konditionsfrei – servieren, würden die Vorträge noch schlechter.*

S: *Tja, der deutsche Forscher mag halt „Einsamkeit und Freiheit".*

W: *Aber Einsamkeit macht dumm, und die Freiheit, die sie häufig meinen, ist bei all ihren selbst auferlegten Denkverboten ohnehin nichts weiter als eine Illusion. Präsent sind sie zudem gern, wenn sie mal wieder ein „Gen" entdeckt haben. Wenn dann damit irgendwas schiefgeht, war's die Politik. Ist doch kein Wunder, dass diese Haltung Auswirkungen auf das geschriebene und gesprochene Wort hat, oder?*

S: *Ja, Wissenschaftler verlieren in der Gesellschaft immer mehr an Bedeutung und Ansehen. Ab und zu sieht man sie etwas linkisch dastehen im Berliner Blitzlichtgewitter, wie sie gerade wieder irgendeinem Minister eine dicke Studie überreichen. Es gibt ja kaum noch jemanden, dessen Wort als Wissenschaftler in der politischen Sphäre Gewicht hat. Und das hat in der Tat viel damit zu tun, dass sie keine Meister des Wortes mehr sind. Kein Wunder: In vielen Naturwissenschaften hat man es nur noch mit Formeln und Zahlen zu tun. Da kann man sich* *diese Art von Sprachlosigkeit leisten ohne aufzufallen. Stattdessen machen uns jetzt die Wissenschaftsweichspüler in den TV-Anstalten die Pausenclowns und verkaufen uns „die Wissenschaft" auf infantilem Knalltütenniveau. – Aber, meine Liebe, all das Klagen nutzt ja nichts. Die Frage ist doch vielmehr: Wie kommen wir aus dieser Lage wieder heraus? Und was mich persönlich noch mehr interessiert: Wie kommen wir aus diesem Vortragsaal wieder heraus, ohne aufzufallen?*

W: *Mich umkreisen die Fluchtgedanken auch schon seit einiger Zeit ... Am besten kommen wir hier hinaus, wenn wir erst gar nicht versuchen, nicht aufzufallen, denke ich. Also: Telefon ans Ohr, wichtiges Gesicht machen und raus ... Fertig?*

S: *Fertig!*

Auf dem Weg nach draußen: *Wir hatten doch neulich so ein Papierchen gemacht ...*

Wissenschaftler, und das meint heute vor allem Naturwissenschaftler, können es sich leisten, fast Analphabeten zu bleiben. (...) Das Beunruhigende liegt nicht darin, dass „die Wissenschaft", die ohnehin eine Fiktion ist, zunehmend englisch redet, vielmehr, dass sie sich mit offenbar unaufhaltsamer Geschwindigkeit der Sprachlosigkeit annähert.

Eberhard Straub

(+) Bitte machen Sie sich immer klar, dass Sie vor einem Publikum stehen. Dort sitzen Menschen vor Ihnen, die etwas von Ihnen erfahren wollen. Erfreuen Sie Ihr Publikum, bringen Sie es zum Lachen.

(+) Jedem guten Vortrag liegt ein guter Text zugrunde. Dabei sind Einstieg und Schluss die wesentlichen Komponenten des Vortrags. Und wie beim Text entscheidet der Einstieg, ob die Zuhörer mitgehen oder abschalten.
Es empfiehlt sich eine fünfgliedrige dialektische Gliederung: Einleitung, Mittelteil bestehend aus These – Antithese – Synthese und Schluss oder eine Gliederung, die vom Allgemeinen zum Besonderen geht – oder umgekehrt.
Die Gliederung ist der rote Faden für den Zuhörer. Daher wird sie zu Beginn kurz vorgestellt. Am Ende jeder Haupteinheit sollte man einen zusammenfassenden und überleitenden Satz einbauen. Der Schluss der Vortrags bietet noch einmal die Gelegenheit für die logisch sinnvolle Zusammenfassung und die affektisch wirksame Ansprache. Er ist entscheidend für die empfundene Qualität.

nota bene

Einstieg und Schluss intensiv vorbereiten und üben!

(+) Ein guter Vortrag erzählt im weitesten Sinne eine Geschichte und ist keine Aneinanderreihung trockener Fakten. Der Inhalt sollte entlang eines Spannungsbogens strukturiert sein, der vom Einstieg bis zum Schluss reicht. Konzentrieren Sie sich auf Schwerpunkte und erzählen Sie nicht alles, was Sie wissen.
Beispiele: Die Frage zu Beginn, die Antwort am Schluss; eine Anekdote zu Beginn, die am Schluss wieder aufgenommen wird (Ringkomposition).

(+) Weniger ist mehr. Die meisten Vorträge leiden darunter, dass sie viel zu viele Informationen transportieren. Am Ende kann sich der Zuhörer gar nichts mehr merken. Machen Sie sich folgendes zur Faustregel: Überlegen Sie sich drei Punkte in Ihrem Vortrag, von denen Sie möchten, dass Ihre Zuhörer sie im Gedächtnis behalten. Und zwar nicht nur bis zur Kaffeepause. Ordnen Sie ihren ganzen Vortrag dem Ziel unter, diese drei Punkte zu vermitteln.

(–) Eine Power-Point-Folie ist kein Roman. Hören Sie auf damit, Textgebirge auf eine harmlose Folie zu schaufeln. Wollen Sie, dass Ihr Zuhörer liest oder Ihnen zuhört? Die Charts dienen lediglich dazu, das Gesagte kurz zusammenzufassen oder – im besten Falle – unterstützend zu visualisieren. Dazu muss man lernen, sich kurz zu fassen.

(+) Programme wie Power Point, Keynote oder Prezi sollen das, was Sie zu sagen haben, visuell unterstützen. Beschränken Sie sich also bitte darauf, möglichst nur einen Satz pro Folie zu formulieren – und diesen bitte so kurz wie möglich.

(+) Warum versuchen Sie es nicht einmal mit gutem Bildmaterial? Die Betonung liegt auf „gut". Also bitte möglichst nichts selbst Gemachtes. Ergebnisse aus der Google-Bildersuche könnten Sie im engsten Familienkreis präsentieren, aber bitte nicht auf öffentlichen Tagungen. Sonst geraten Sie womöglich in Konflikt mit dem Urheberrecht. Wenden Sie sich doch einmal an Profis, insbesondere dann, wenn Sie einen Standardvortrag haben, den Sie häufiger halten. Dann lohnt es sich, übersichtliche Grafiken von einem Experten bauen zu lassen – oder ein Key-Visual von einem guten Fotografen. Ja, das kostet unter Umständen ein bisschen Geld. Aber schließlich ist Ihr gesamter öffentlicher Auftritt eine Investition in Ihre Reputation und Ihren guten Namen. Und außerdem: Es kommt immer mehr in Mode, Präsentationen im Web zu veröffentlichen (beispielsweise auf Ihrer eigenen Homepage, auf der des Veranstalters oder in Web-Diensten wie „scribd"): Und da wollen Sie doch auch eine möglichst gute Figur abgeben, nicht wahr?

Also, unsere Empfehlung: Professionalisieren Sie Ihr Grafik- und Bildmaterial!

(–) Sprechen Sie bitte nicht englisch, wenn Sie es nicht so gut beherrschen. Nichts ist peinlicher als ein Vortrag in *broken english*.

(+) Warum eigentlich immer Power Point? Versuchen Sie es doch einmal mit einer guten alten Rede im klassischen Vortragsstil. Schreiben Sie ein ausformuliertes Redemanuskript. Das gibt Ihnen die Möglichkeit, so eloquent, witzig oder charmant zu sein, wie Sie es in freier Rede nie sein könnten. Sie können pointierte Zitate zielgenau platzieren. Sie können effektvoll rhetorische Pausen setzen. Ihre Rede wird funkeln. – Zugegeben: Diese Form der Rede passt nicht in jedes Format. Aber wenn Sie sich in einem etwas festlicheren Rahmen bewegen, wäre dies die richtige Wahl (und eine erfrischende Alternative zum Power-Point-Gestammel).

(–) Es ist zwar irgendwie managermäßig cool, auf den letzten Drücker und abgehetzt am Veranstaltungsort anzukommen, den Laptop aufzuklappen und noch etwas außer Atem mit dem Vortrag zu beginnen. Aber Ihrer Performance ist das vielleicht nicht so zuträglich. Und wer will schon einen schwitzenden Redner sehen?

(+) Bereiten Sie sich auf Ihren Vortrag vor. Packende Visualisierungen zu erstellen, ist sehr zeitintensiv.

Für ein geschliffenes Redemanuskript reicht ein Wochenende vielleicht gar nicht aus. Beginnen Sie also frühzeitig mit der Vorbereitung. Warum nicht schon einmal einige Wochen vor dem Vortrag mit den ersten Skizzen beginnen? So wird frühzeitig klar, an was man noch alles denken muss.

(–) Bitte reden Sie nicht so lange. Das Aufnahmevermögen Ihrer Zuhörer ist begrenzt. Es sei denn, Sie reden so mitreißend, dass alle an Ihren Lippen hängen. Selbst dann ist eine kurze Rede für Sie von Vorteil, denn dann wird man Ihnen schmeicheln, dass die Rede leider nur so kurz war …

(–) Verletzen Sie nicht die Etikette: Ein Grußwort ist auch wirklich nur ein Grußwort. Nach fünf Minuten sollten Sie fertig sein. Ein Impulsstatement soll – das sagt ja schon der Begriff – nur einen Impuls liefern und nicht etwa die Weltformel erläutern.

(–) Und Sie da, in der siebten Reihe: Wenn Sie als Zuhörer aufgefordert sind, eine Frage an den Referenten zu stellen, dann tun Sie doch bitte auch genau das: eine Frage stellen. Ein 12-minütiges Co-Referat zu halten, ist peinlich und äußerst unhöflich!

(+) Berücksichtigen Sie die Rahmenbedingungen Ihres Vortrags: Sollten Sie die schwierige Aufgabe haben, in der Mittagszeit zu reden, können Sie davon ausgehen, dass die Hälfte Ihres Publikums im

Suppenkoma dahindöst. Ähnliche Effekte ergeben sich, wenn Sie abends reden. Überfordern Sie Ihre Zuhörer also nicht mit komplizierten Sachverhalten: Je widriger die Tageszeit, desto mehr müssen Sie als eloquenter Redner überzeugen.

(–) Es kommt immer mehr in Mode, den Redner bei größeren Veranstaltungen mit einem Headset auszustatten. Das ist schön: Dann haben Sie die Arme frei. Aber bitte: Rennen Sie jetzt nicht ziellos auf der Bühne herum, weil Sie sich so frei fühlen. Die Leute wollen Sie sprechen hören, nicht gehen sehen.

(+) Einige Hinweise zum Thema Körpersprache: Sehen Sie die Zuhörer an – und nicht Ihre PowerPoint-Präsentation!

Stehen Sie gerade!
Reden Sie angemessen laut und gut artikuliert!

Die Körpersprache ist ein Teil Ihrer Gesamterscheinung, schwer zu kontrollieren und immer da – aber man kann sie üben. Beim Einüben ist eines wichtig: Die Körpersprache muss zum Menschen passen. Was bei der einen gestelzt wirkt, kann bei dem anderen seriös daherkommen, was den einen nervös wirken lässt, erscheint bei der anderen lebhaft. Misstrauen Sie pauschalen Ratschlägen – finden Sie Ihre eigene Form und üben Sie!

Und zum Schluss noch ein Tipp von Kurt Tucholsky:

Sprich, wie du schreibst.
Und ich weiß, wie du schreibst.
Sprich mit langen, langen Sätzen – solchen,
bei denen du, der du dich zu Hause, wo du ja
die Ruhe, derer du so sehr benötigst, deiner Kinder
ungeachtet, hast, vorbereitest, genau weißt,
wie das Ende ist, die Nebensätze schön
ineinandergeschachtelt, so daß der Hörer
ungeduldig auf seinem Sitz hin und her träumend,
sich in einem Kolleg wähnend, in dem er früher
so gern geschlummert hat,
auf das Ende solcher Periode wartet.
Nun ich habe dir eben ein Beispiel gegeben.
So mußt du sprechen.

TL; DR

Die Karl-Klabautermann-Stiftung hat zu ihrem jährlichen wissenschaftlichen Symposium geladen. In diesem Jahr geht es um neueste Erkenntnisse der Innovationsforschung. Ökonomen, Psychologen und Neurowissenschaftler berichten einem gemischten Publikum aus ihren Fachgebieten. Sonnabend&Weiss sitzen im Eröffnungsvortrag. Professor Quappermeier (den kaum jemand von Angesicht kennt) betritt die Bühne. Das Stück beginnt. Der Vortrag besteht aus 50 vollgeknallten Power-Point-Charts, der Rest ist überlanges grammatikfreies Gestammele ohne Struktur und ein Gipfel an schlechten Manieren. Sonnabend&Weiss verlassen die Szene fluchtartig und sinnen auf Abhilfe.

Weitere Figuren des Kapitels: Ein schmallippiger älterer Herr, Drittmittel, ein Bäcker, Fluchtgedanken, ein Pausenclown, Gliederung, Struktur und Körpersprache und Kurt Tucholsky.

Nachwort

Relevanz und Reputation oder: Vom notwendigen Ende der Schaumschlägerei

Während wir dieses Buch schrieben, beschäftigte uns eine Frage immer wieder: Wie kann es eigentlich sein, dass wir ein Buch für die Wissenselite dieses Landes schreiben müssen, in dem es um gutes Schreiben und Kommunizieren geht? Jenes Landes also, das so stolz auf seine „klugen Köpfe“ ist, das nicht müde wird, darauf hinzuweisen, Wissen sei seine wichtigste Ressource. Und diese klugen Köpfe sollen nicht in der Lage sein, ein paar klare gerade Sätze hintereinander zu schreiben?

Natürlich ist es eine maßlose Übertreibung, hunderttausende Kopfarbeiter als Quasi-Analphabeten hinzustellen. Und für sehr viele ist das ein sehr ungerechter Vorwurf, weil sie durchaus fähig sind, die Feder elegant zu führen. Wie gesagt: Wir wissen das. Aber wir wissen auch, dass Übertreibung nötig ist, um überhaupt zur Wurzel des Problems durchzudringen.
Denn es bleibt festzuhalten: Große Teile der wissenschaftlichen Welt befleißigen sich einer Sprache, die ihrer Funktion in dieser Gesellschaft nicht angemessen ist. „Die Wissenschaft“ spricht eine Stände-Sprache, die der Rest der Gesellschaft nicht verstehen soll. Wir reden hier nicht von Fachbegriffen oder unvermeidlichen fachsprachlichen Besonderheiten. Wir sprechen von Phrasen, von erratischen Wortgebirgen, von undurchdringlichen Passivkonstruktionen, von der Gewalt der Substantive, die uns wie eine Horde Zombies zu

erschlagen trachtet, wir sprechen von Sätzen, die uns so böse in den Hinterhalt locken, dass wir nie wieder aus ihnen herausfinden. Wir sprechen von der Angst vor dem einfachen Satz und dem Hass auf das freundliche Verb, das uns schmeichelt und erobern will.

Die Sprache der Wissenschaft bläht sich unentwegt auf, ihre Treibmittel sind abgenutzte Metaphern, phrasendrescherischer Szenejargon und formelhafte Tautologien. Statt sich durch Klarheit und argumentative Eleganz auszuzeichnen, zündet Wissenschaftssprache Nebelkerzen, wo sie nur kann. Allerdings ist es nicht nur die Wissenschaft, die unentwegt schlecht formulierte Selbstgespräche führt: Wer Führungspersönlichkeiten von Unternehmen öffentlich reden hört – ganz zu schweigen von Politikern –, spürt auch dort jenen fatalen Hang zu Formelhaftigkeit und Schaumschlägerei.

Das ist – darauf muss man einmal deutlich hinweisen – nicht allein die Schuld der Redenschreiber in den PR-Abteilungen. Wenn die geistige Elite des Landes so redet und schreibt, wie sie es tut, dann nicht, weil man sie dazu drängt, sondern weil sie es genauso wünscht. Denn die Sprache der Wissenschaft dient häufig der bewussten Abgrenzung vom Rest der Welt. Sie soll nicht gefällig sein, sie soll nicht verständlich sein. Sie soll zeigen, dass ihr Sprecher einem höheren Stand angehört.

Wissenschaftssprache ist ein bewusst eingesetztes Mittel, um den ungehinderten Fluss der Fördermittel zu sichern. Das dunkle Raunen von „der Wissenschaft" als unser aller Lebensgrundlage ist der Versuch, den steuerzahlenden Bürger zu mahnen, in seinen Anstrengungen, wissenschaftliches Streben uneingeschränkt zu fördern, nicht nachzulassen. Die vernebelnde Wissenschaftssprache hilft, dass jener Bürger nicht so genau nachfragt. Es ist wie bei des Kaisers neuen Kleidern: Spräche die Wissenschaft klar und deutlich, würde vielleicht dem einen oder anderen Bürger aufgehen, dass der Kaiser nackt ist.

So gesehen, könnte man die Arbeit der Wissenschaftskommunikation als gescheitert betrachten. Aus der Sicht der Wissenschaft ist es nicht mehr als ein Ablenkungsmanöver, wenn man einige Willige aus den eigenen Reihen ab und zu auf die Marktplätze zum Kommunizieren mit dem Bürger schickt. Denn ansonsten hat man ja diese lustigen Vermittlungsclowns, die dem wissenshungrigen Volk um kurz vor acht die tägliche kleine Dosis Schlaumeierei verabreichen.

UND WER BEZAHLT?

Jetzt kann natürlich einer daherkommen und fragen: „Wozu dieses Buch, wenn die doch aus all diesen bedauerlichen Gründen gar nicht ‚sprechen' wollen?" Aber: Der Legitimationsdruck auf die Wissenschaft steigt unaufhörlich. Je knapper die Mittel, desto genauer wird nachgefragt. Irgendwann werden die Selbstvergewisserungsrituale und Distinktionsübungen nicht mehr ausreichen – irgendwann wird unweigerlich Klartext geredet. Angehörige kleiner geisteswissenschaftlicher Fächer werden wissen, wovon wir sprechen. Wohl dem, der dann in der Lage ist, dem Druck der Finanzminister standzuhalten und überzeugend zu argumentieren. Dieses Buch ist also auch ein Appell an Wissenschaftler, ihre Rolle in der Gesellschaft zu überdenken. Abgrenzung durch Sprache kann nicht wirklich das Selbstbild postheroischer Wissenschaftler zeichnen. Wem es wirklich ein persönliches Anliegen ist, die Gesellschaft durch seine Arbeit zu bereichern, muss dies auch durch seine Haltung – und damit durch seine Sprache – deutlich machen.

REPUTATION 2.0

Klares verständliches Sprechen und Schreiben sind also eine Frage der Demokratie. Die Wissenschaft in Deutschland hat nach wie vor unglaublich große Schwierigkeiten dabei, ihren Platz in der Gesellschaft zu finden. Das zeigt sich auch an dem auffällig großen Bogen, den sie immer noch um das *social web* macht. Wenn es für die Wissenschaft logische Orte inmitten der Gesellschaft gibt, dann sind die in den Blogs und den sozialen Internetplattformen zu finden. Es reicht einfach nicht aus, in der Langen Nacht der Wissenschaften für ein paar Stunden die Labortüren zu öffnen. Forscherinnnen und Forscher werden – wie alle anderen auch – im 21. Jahrhundert immer mehr zu Unternehmern in eigener Sache. Das mag man beklagen oder nicht: Wir stellen diese Entwicklung einfach nur nüchtern fest. Sie zu bewerten, wäre der Gegenstand anderer Betrachtungen. Der Jenaer Soziologe Hartmut Rosa hat darauf hingewiesen, dass das bürgerliche Zeitalter unwiderruflich vorbei ist, in welchem dem Bürger ein fester Platz zugewiesen war. Wir unterliegen heute einer allgegenwärtigen Steigerungs- und Wachstumslogik, die keinen festen Platz mehr gewährt. Die Dynamik der entfesselten Ströme – Daten, Finanzen, Wissen – zwingt den Bürger zu immer neuen Anstrengungen, „oben zu bleiben". Der einstmals fest verankerte Bürger wird zum flexiblen Surfer.

Das „Webzwonull" bietet dem Wissenschaftler als Surfer ein breites Betätigungsfeld. Hier kann er nicht nur seiner demokratischen Gesinnung Ausdruck verleihen, sondern zugleich mit dessen eigentlicher Währung handeln: Aufmerksamkeit. Wer sich im Internet Aufmerksamkeit erarbeitet, zahlt kontinuierlich auf sein Reputationskonto ein. Einen Wissenschaftler mit international populärem Blog und 5.000 Twitter-Followern wird kein Forschungsinstitut, das auf sich hält, gern ziehen lassen.

Gesellschaftliche Relevanz wird Teil des eigenen Marktwertes.

Insofern ist dieses Buch auch eine „Reputationswerkstatt". Denn ebenso wichtig wie das Erlernen von Fremdsprachen, die Weiterbildung im eigenen Fachgebiet oder der wöchentliche Tai-Chi-Kurs ist es, kontinuierlich an der eigenen Reputation in den diversen *communities* zu arbeiten. Ein guter Ruf lässt sich nur noch bedingt ausschließlich über akademische Abschlüsse oder wissenschaftliche Exzellenz erreichen. Hinzu kommt: Insbesondere der wissenschaftliche Nachwuchs hat es heute immer noch schwer, an patriarchalisch geführten Lehrstühlen auch nur ansatzweise etwas unter eigenem Namen veröffentlichen zu dürfen. Selbstherrliche Ordinarien können sich bis heute auf Kosten ihrer Mitarbeiter unbehelligt an den Hochschulen ausleben. Um so wichtiger ist es für junge Talente, sich frühzeitig eigene Präsentations-Plattformen aufzubauen. Das Internet ist eine permanente Aufforderung sich einzumischen, und für den wissenschaftlichen Nachwuchs bedeutet dies eine neue Qualität von Unabhängigkeit. Also mischen Sie sich ein!

Dieses Buch ist eine permanente Aufforderung, an sich zu arbeiten. Zum guten persönlichen Ruf gehört die Fähigkeit, mit anderen zu kommunizieren, ohne sie zu düpieren, zu belehren oder sonstwie herablassend zu behandeln. Dazu gehört auch, einen Vortrag zu halten, der die Interessen der Zuhörer in den Vordergrund rückt und nicht – wie es so oft geschieht – die des Vortragenden. Dazu gehört, dass der Redner nicht seiner eigenen Eitelkeit frönt, sondern dem Publikum dient.
Zu all dem gehört eine hohe soziale Intelligenz. Gutes Schreiben wird zum Bedürfnis, wenn Sympathie herrscht. Erst wenn ich meinen Leser vor Augen habe, mache ich mir die Mühe, das Handwerk des Schreibens zu lernen und gute Texte zu produzieren. Reduzieren Sie Ihre Textproduktion für esoterische Zeitschriften und Bücher, Schreiben Sie stattdessen mehr für leibhaftige Menschen. Menschen allerdings, die jederzeit bereit sind, aus einem Text auszusteigen, wenn er sie langweilt, in die Irre führt oder ärgert. Gutes Schreiben gelingt nur dort, wo der Schreibende um seinen Leser kämpft und ihn nicht verlieren will. Gutes Schreiben setzt eine demütige Haltung voraus.

WIR SEHEN UNS IM INTERNET

Es ist nicht unser Ziel, als besserwisserische Sprachwächter aufzutreten. Denn das wäre dem großen Reichtum unserer Sprache nicht angemessen. Große Könner der Sprache – Schriftsteller und Dichter beispielsweise – zeigen uns immer wieder aufs Neue, wie man mit Rhythmus, Satzbau und individueller Tonalität einen Stil prägt. Aber genau das ist es nicht, worum es in diesem Buch geht. Hier geht es nicht um die literarische Form, sondern um die Grundlagen des Handwerks. Unsere Leser sollen lernen, sich überhaupt erst einmal klar auszudrücken. Um noch einmal das Bild aus der Einleitung zu bemühen: Wer Klavier spielen will, muss üben. Nur wer ständig übt, wird irgendwann einmal beginnen können, sich an einem klaren, verständlichen und einigermaßen korrekten (vielleicht einmal kunstvolleren) Umgang mit unserer wichtigsten Kulturtechnik, dem Schreiben, zu versuchen.

Doch vor der Kür kommt die Pflicht. Und zur Pflicht gehört die kontinuierliche Wiederholung und Einübung von Standards. In die Praxisteile dieses Buches haben wir immer wieder kleine Übungen eingebaut. Manche werden mit den Hinweisen in diesem Buch gute Fortschritte erzeugen, andere werden sich über tiefergehende Übungen freuen. Diese Leser seien deshalb auch an dieser Stelle noch einmal auf weiterführende Lektüre im Internet verwiesen.

schwafelkiller.com

TL; DR

Während wir dieses Buch schrieben, beschäftigte uns eine Frage immer wieder: Wie kann es eigentlich sein, dass wir ein Buch für die Wissenselite dieses Landes schreiben müssen, in dem es um gutes Schreiben und Kommunizieren geht? Jenes Land also, das so stolz auf seine „klugen Köpfe“ ist, das nicht müde wird, darauf hinzuweisen, Wissen sei seine wichtigste Ressource.
Zu gewissen Mangelerscheinungen kommt das Bedürfnis, eine Ständesprache zu sprechen, die der Rest der Gesellschaft nicht verstehen soll. Dabei wird eines (noch) gern übersehen: Es geht bei alledem auch ganz knallhart um Geld, um die Finanzierung eines in sehr großen Teilen von der Gesellschaft finanzierten Systems, das mit dieser Gesellschaft entweder nichts zu tun haben will oder ihr belehrend gegenübersteht – schmallippig beleidigt über die Zumutungen der Demokratie.

Weitere Figuren diese Kapitels: Demut, noch einmal Reputation, die Finanzminister, selbstherrliche Ordinarien und der Zusammenhang von gutem Schreiben und (sozialer) Intelligenz.

SUSANNE WEISS

schreibt, redigiert und publiziert seit über zwei Jahrzehnten für die Wissenschaft, über Wissenschaft und deren Haltung in der Welt und fragt sich immer häufiger, was heute mit „Wissenschaft" gemeint ist. Nach 15 Jahren Innenansicht in verschiedenen wissenschaftlichen Einrichtungen des Landes Berlin macht sie seit 2002 als freier Mensch weiter. Ihre kleine Firma heißt „Wortwandel Verlag" und tut genau das, was im Namen steckt – in Form von Büchern und Magazinen und als Schreib- und Publikationslehrerin. Partner sind unter anderem Universitäten, Akademien und Verbände.

weiss@schwafelkiller.com

wortwandel.de

TL; DR ?
Too long, didn't read!

MICHAEL SONNABEND

ist seit 20 Jahren im Wissenschaftsbetrieb unterwegs. Hauptberuflich macht er Öffentlichkeitsarbeit für den Stifterverband und bewegt sich dort an der Schnittstelle von Wissenschaft und Wirtschaft. Er ist Chefredakteur der Zeitschrift „Wirtschaft & Wissenschaft“, bis heute eines der wenigen Magazine, die beide Sphären im Fokus haben, sowie des Magazins „Forschung & Entwicklung“.

In seinen privaten Blogs beschäftigt er sich mit Themen rund um Journalismus, Wissenschaftskommunikation und *social media*.

sonnabend@schwafelkiller.com

BLOG
weltamsonnabend.wordpress.com
TWITTER
@earl_piggot
FACEBOOK
facebook.com/michael.sonnabend
GOOGLE+
gplus.to/michaelsonnabend

Impressum

Text
Sonnabend & Weiss
Susanne Weiss und Michael Sonnabend

Gestaltung, Satz und Herstellung
heilmeyerundsernau gestaltung

Illustrationen
David Sernau

Gesetzt aus der
Thesis, Berkeley und Magda
Gedruckt auf
90g/m2 Munken Lynx Rough

Druck
Druckerei H. Heenemann, Berlin
Printed in Germany

ISBN 978-3-922275-47-3

www.stifterverband.de

Bibliografische Information der Deutschen Bibliothek.
Die Deutsche Bibliothek verzeichnet diese Publikation in der Deutschen Nationalbibliografie; detaillierte bibliografische Daten sind im Internet über http://dnb.d-nb.de abrufbar.